Gabriele Hasmann
Habsburgs schräge Vögel

Gabriele Hasmann

HABSBURGS SCHRÄGE VÖGEL

Extravaganzen und Allüren
eines Herrscherhauses

ueberreuter

Bildnachweis:
S. 65, 99, 115, 125: akg-images / picturedesk.com
S. 75: Günter, J. / ÖNB-Bildarchiv / picturedesk.com
S. 83: k. A. / Imagno / picturedesk.com
S. 93: Scherl / SZ-Photo / picturedesk.com
S. 105: Albert Harlingue / Roger Viollet / picturedesk.com
S. 129: Angerer, Victor / ÖNB-Bildarchiv / picturedesk.com

1. Auflage 2018

ISBN 978-3-8000-7702-1

Covergestaltung: Saskia Beck, s-stern.com
Coverbild: k. A. / Imagno / picturedesk.com
Satz: Hannes Strobl, Satz·Grafik·Design, Neunkirchen
Lektorat: Marina Hofinger
Druck und Bindung: Finidr s. r. o.

www.ueberreuter-sachbuch.at

„Das Geld macht, genau wie der Schnaps,
den Menschen zum Sonderling.“
Anton Pawlowitsch Tschechow (1860–1904)
russischer Schriftsteller, Novellist und Dramatiker

„Wie die Menschen gewöhnlich mehr sittliche Ungeheuer bewundern
und anstaunen als wahrhaft Sittliche, so auch mehr das extravagante
Genie, das sich im Absurden gefällt, als das, was im Schönen verbleibt.“
Johann Wolfgang von Goethe (1749–1832)
deutscher Dichter

INHALT

Einleitung 9

Eigenbrötler und Exzentriker – eine Erklärung 12

Das Haus Habsburg 16

Marotten, Allüren und Extravaganzen –
Sonderlinge im Kaiserhaus 21

Faszinierende Sonderlinge 21
Magie, Geisterglaube und Hellsicht 29
Wahnsinn und Wahn 42
Sado-Maso-Habsburger 52
Ticks, Zwangsneurosen, Phobien und Süchte 57
Narzisstische Lebemänner an der Macht 76
Dominanz, Kontrolle und Fanatismus versus Laissez-faire . . . 87
Durchtriebene und trickreiche Schurkenstücke 95
Amouröse Eigenwilligkeiten und sexuelle Eskapaden 111

Skurrile Fakten und amüsante Anekdoten 137

Literaturverzeichnis und Quellen 177

Danksagung 182

EINLEITUNG

Das Interesse am Hochadel ist auch hundert Jahre nach dem Ende der Monarchie ungebrochen und privater Klatsch aus hohen Kreisen hat Tradition – früher aufgesogen und mündlich verbreitet von fahrenden Sängern, heute aufgenommen und gesendet von Paparazzi. Natürlich wurde von jeher auch bei Hof gemunkelt und getuschelt: beim Tanz hinter vorgehaltenem Fächer, beim Perücken Pudern am Coiffeurtisch, Zigarrenrauchen in den Herrenzimmern oder beim Tafeln. Gerüchte und Spekulationen innerhalb und außerhalb des elitären Dunstkreises trieb den Plaudertaschen schon immer die vorfreudige Hitze ins Gesicht – häufig konnten die Zofen, adeligen Herrschaften oder Geschichtenschreiber die Schreibfeder vor Aufregung kaum halten, wenn sie die neuesten Flüstermeldungen notierten.

Aber warum ist das so interessant? Weil die Aristokraten die Geschichte Europas formten, dabei politisch, sozial und kulturell stilprägend waren und ihre Völker über eine lange Ära begleiteten, beherrschten und beeinflussten.

Es existieren weltweit viele Herrscherhäuser, doch kaum eine andere Dynastie hat so viele skurrile Persönlichkeiten hervorgebracht, über die immer schon mehr als über andere getratscht und gespottet wurde, wie die Habsburger – egal, ob es sich dabei um schräge Vögel mit seltsamen Marotten, weltfremde Sonderlinge mit auffälligem Charakter, schwarze Schafe mit exzentrischer Neigung, versponnene Eigenbrötler mit Hang zur Kaprize, rebellische Selbstdarsteller mit manischen Zügen oder wunderliche Spinner mit kuriosen Vorlieben handelte. Dabei hat bei vielen der Familienmitglieder im Hinblick auf ihr oft belächeltes Verhalten eine angezüchtete genetische Degeneration, gepaart mit einem über die Jahrhunderte hinweg kontinuierlich gepflegten präpotenten Snobismus, eine nicht unbedeutende Rolle gespielt.

Oft versuchten Angehörige oder Nachfahren die Allüren des betreffenden Verwandten vor dem Volk zu verheimlichen, doch fast immer wurden die sorgsam verborgenen Familiengeheimnisse von gehässigen Gegenspielern aufgedeckt oder der gesprächigen – und natürlich auch bestechlichen – Dienerschaft ausgeplaudert.

Die meisten dieser Aristokraten litten zudem an imperialem Narzissmus, gepaart mit einem Hang zur Selbstüberschätzung sowie deutlichen Anzeichen von Fanatismus, und haben mit ihrer Art zu leben nicht selten die Grenzen des guten Geschmacks überschritten, die Regeln des Anstands ignoriert, ihren Willen durchgesetzt, sich dabei nicht um die Etikette geschert, keinesfalls den Wünschen ihrer Angehörigen oder des Volkes gebeugt oder von „wohlmeinenden Beratern" verbiegen lassen. Die selbstgewählte Außenseiterrolle war in vielen Fällen mit dem Verzicht auf alle Annehmlichkeiten, die eine adelige Abstammung mit sich brachte, verbunden. Damit einher gingen zumeist nicht nur der Verlust des Herrschaftsanspruchs samt royalem Titel, sondern auch Enterbung, Enteignung und sogar Verbannung. Unverschuldete Schrägheit jedoch galt nicht selten sogar als Markenzeichen des betreffenden Monarchen oder wurde zumindest geduldet.

Doch nicht nur die Bewunderer der Schönen und Reichen sollen beim Lesen dieses Buches auf ihre Kosten kommen; die Berichte über die skurrilen Persönlichkeiten aus dem Haus Habsburg werden auch jene Personen bestens unterhalten, die keine Fans der Monarchie und von Thron, Krone und Zepter sind.

Auf der Suche nach Anekdoten und Schilderungen über die schrägsten Vögel des Habsburger-Clans, der auf dem Gebiet des heutigen Österreichs über mehrere Jahrhunderte lang fast durchgehend geherrscht hat, bin ich einmal quer durch die Geschichte gereist. Ich konnte dabei diese exzentrische Familie recht gut kennenlernen, ohne jedoch auch nur ansatzweise einen Expertenstatus zu erlangen. Das war allerdings auch nicht mein Anspruch. Wer sich eingehender über eine der mächtigsten Dynastien der Welt, zu deren politischen Leistungen und Bedeutung in der Geschichte unseres Landes, informieren möchte, dem steht ausreichend Literatur zu dem Thema zur Verfügung.

Noch eine Anmerkung zur „falschen Bezeichnung" einiger Damen: Ich betitle Maria Theresia (Erzherzogin von Österreich, Königin von Ungarn, Böhmen usw.) als Kaiserin, obwohl sie das streng genommen nicht gewesen ist – auch wenn sie beim Regieren die Hosen an und das Zepter in der Hand hatte. Ähnliches gilt für Elisabeth (Prinzessin aus dem Haus Wittelsbach, Königin von Ungarn, Ehefrau von Kaiser

Franz Joseph) und Zita (Prinzessin von Bourbon-Parma, Ehefrau von Kaiser Karl I.).

Trotz meines Mottos „ad fontes“ (lat. für „an die Quellen“), das für die Recherchen meiner Geschichten gilt, möchte ich mein Vorwort mit einem Zitat von Napoleon, Kaiser von Frankreich, schließen:

„Geschichte ist die Lüge, auf die man sich geeinigt hat!“

In diesem Sinne – viel Spaß beim Lesen!
Ihre Gabriele Hasmann

g.hasmann@kabsi.at
www.wunschtext.at

EIGENBRÖTLER UND EXZENTRIKER – EINE ERKLÄRUNG

Das Hervorstechen aus der Masse, das Abweichen von der Norm gilt heute als interessant und wird von manchen Menschen, die sich als freigeistige Querdenker empfinden, geradezu kultiviert. Einige etablieren ihre Schrulligkeit sogar als Markenzeichen und pflegen die Eigenheit fast schon obsessiv.

Der Neuropsychologe David Weeks hat Ende des 20. Jahrhunderts in einer umfangreichen Studie tausend Exzentriker, die aus dem Rahmen und zuweilen ihren Zeitgenossen auf die Nerven fielen, untersucht.

Er stellte fest, dass ein Drittel der Probanden Verdachtsmomente auf leichte Symptome einer geistigen Störung und verschiedene Bewusstseinstrübungen lieferten und unter milden Anwandlungen von Verfolgungswahn, Zwangsvorstellungen und schizoidem Verhalten litten. Sie verfügten in der Regel nicht über ein ausgeglichenes Seelenleben inklusive Harmoniebedürfnis und legten demonstrativ ein der Umwelt unangepasstes Verhalten an den Tag. Darüber hinaus war der Großteil von ihnen wissbegierig, erfinderisch und intelligent – und dazu so schlau, ihr Wissen gegen die von ihnen ein wenig verachtete Mehrheit der Bevölkerung zu verwenden.

Nach Weeks' Erkenntnissen empfinden sich Sonderlinge als die unverstandenen, verkannten Originale, die ihr Schattendasein genussvoll glorifizieren und zelebrieren. Zugleich bringen sie bei jeder Gelegenheit ihren unbedingten Willen zum Ausdruck, sich nicht von der Gesellschaft verbiegen zu lassen, und tragen diese Absicht wie einen Schutzschild vor sich her. Zuletzt kam der Neuropsychologe zu dem Ergebnis, dass die Exzentriker aufgrund ihres Muts zum Anderssein glücklicher leben, älter werden und von ihren Mitmenschen mehrheitlich als interessanter und daher sexuell attraktiver als die „Normalos" empfunden werden.

Bei dem einen oder anderen Habsburger dürfte genau diese Tatsache zum Ausgleich der eher bescheiden ausgefallenen optischen Reize gedient haben. Im Gegensatz zu heute hatten es Sonderlinge früher allerdings recht schwer, denn es herrschte, zumindest bis Mitte des 20. Jahrhunderts, die durchschnittlich-normale Bürgerwelt als Maßstab. Und die Masse der „Mit-dem-Strom-Schwimmer“ zeigte sich meist verständnislos oder gab sich gar angewidert angesichts der Außenseiter. Oder aber sie machte diese Personen, die sich erdreisteten, öffentlich von der Norm abzuweichen, lächerlich und mokierte sich in doppelmoralischer Prüderie über diese Flecken auf der weißen Weste der Gesellschaft. Nicht selten landeten diese schwarzen Schafe irgendwann in Irrenhäusern, Gefängnissen oder gar auf dem Scheiterhaufen.

Und doch sind es häufig gerade die „Spinner“, die neue Impulse liefern, mit ihrer Kreativität ihr Umfeld bereichern und die Welt ein klein wenig bunter machen.

Aber warum, mag man sich fragen, sind so viele Menschen freiwillig anders als die anderen und stolz auf ihre Verhaltensoriginalität – mit dem Risiko, anzuecken, nachteilig behandelt oder belächelt zu werden? Weil sie nicht anders können – als geistige Kinder des Nonkonformismus ist der Druck, der eigenen Intuition zu folgen, größer als die Forderung der Umgebung nach Anpassung.

Dabei zeichnete sich bei der Untersuchung des Phänomens „schräge Vögel“ ab, dass es auch eine Rolle spielt, wo diese leben: je starrer die Struktur einer Gesellschaft und je größer die Angst vor unangepassten Rebellen, desto weniger Raum für exzentrische Lebensweisen und desto vehementer die Ablehnung derselben.

Die besten Chancen für Andersartigkeit gab und gibt es offenbar ausgerechnet im spießigen England: Hier galt ein Spleen immer schon als schick, besonders in den höheren Kreisen – das ist vermutlich die Erklärung dafür, dass die eingangs erwähnte Studie aus Großbritannien stammt.

Dass uns in der Geschichte auch nicht die „Normalen“, sondern eben genau die anderen Persönlichkeiten interessieren, versteht sich von selbst. Sie unterhalten, wie etwa der „liebe Augustin“, schockieren, wie die perverse Serienmörderin Elisabeth Báthory, oder regen zum Nachdenken an, wie zum Beispiel der Friedensaktivist „Waluliso“. Es berühren uns Sonderlinge wie der verschrobene Erfinder Alexander Graham Bell, ohne dessen seltsamer Obsession, seinem Hund das Sprechen zu ermöglichen, es das Telefon heute nicht gäbe.

Vielleicht beruht sogar das Freiheitsstreben des Gründervaters der USA, Benjamin Franklin, der die Unabhängigkeit der Vereinigten Staaten forcierte, auf seinem Hang zum Nudismus. Und hätte der Physiker Albert Einstein die Welt so akzeptiert, wie sie zu seiner Zeit definiert wurde, gäbe es keine Relativitätstheorie. Ebenso galten unter anderem Künstler wie Vincent van Gogh, Salvatore Dali, Michael Jackson oder Woody Allen als gnadenlose Exzentriker. Jesus und Buddha sollen ebenfalls kauzige Eigenbrötler gewesen sein.

Und so gab es auch in der polyglotten Habsburger-Dynastie so manchen Fall von Schrulligkeit oder sonderlichem Individualismus – was dazu führte, dass einige der betreffenden Blaublütigen vom Volk und von ihresgleichen verlacht, verachtet und sogar verstoßen wurden.

Natürlich hat man innerhalb des Hochadelskreises, dem am Wiener Kaiserhof nie mehr als rund 400 Familien angehörten, versucht, jedem Nachkommen einen möglichst biederen, angepassten Lebenswandel aufzuerlegen. Ein Paradebeispiel für fast schon stupide und fern jeder Fantasie ausgeübte rituelle Pflichterfüllung war Kaiser Franz Joseph I., über den der österreichische Psychiater Erwin Ringel sagte: „Mit der zwangsneurotischen Pedanterie einer Maschine ist er am Schreibtisch gesessen, hat Akten studiert und unterschrieben, als personifiziertes Pflichtgefühl."

Belohnt wurde jeder fügsame Monarch mit grotesken Hausgesetzen, die ihm Souveränität und Gerichtsbarkeit zusicherten und die Möglichkeit gaben, mit totalitärer Allgewalt in fast alle Lebensbereiche ihrer Familienmitglieder einzugreifen.

Abweichungen der vom Protokoll verlangten Unterordnung als Ausnahmen von der Regel gab es, wenn ein nicht von Geburt an standesbewusster Staatsdiener, sondern ein selbstständig denkender Aristokrat als „Fehler im System" das Licht der Welt erblickte. Bei einigen war das Anderssein offensichtlich erkennbar, andere verbargen ihr eigentliches Wesen aufgrund falschen Pflichtbewusstseins bis hin zur Selbstverleugnung. Wieder andere gingen sogar im strengen Clan der Habsburger als „liebenswert kurios" durch, was einerseits am Ausmaß ihrer Wunderlichkeit lag, andererseits davon abhing, ob die betreffende Person ihren vermeintlichen Makel mit guten Charaktereigenschaften und beruflichen Fähigkeiten auszugleichen vermochte.

Vor allem die hochgebildeten Erzherzöge waren mangels ernsthafter Pflichten unterfordert, weshalb viele von ihnen an den ihrem Stand entsprechenden Rollen scheiterten. Sie bezogen fürstliche Apanagen und konnten mit ihrer Zeit und dem Geld mehr oder weniger machen, was sie wollten. Es ist somit nicht erstaunlich, dass diese Aristokraten auf verschiedenste Art und Weise stets ein wenig aus dem Rahmen fielen. Aber auch die Könige und Kaiser entwickelten im Laufe ihrer Herrschaft die eine oder andere Marotte – zur Verwunderung, Erheiterung oder Betroffenheit ihres Volks. Und zum Ärger Winston Churchills, der sich öffentlich über „die idiotischen habsburgischen Erzherzöge" ausließ.

Und doch lässt sich eines mit Sicherheit sagen: So manche einst empört beraunte Kaprize bringt heute frischen Wind in die Erinnerung an die Habsburger.

DAS HAUS HABSBURG

In den 640 Jahren beinahe durchgehender Regentschaft entwickelte das Haus Habsburg im Laufe von 24 Generationen ein starkes und unerschütterliches Selbstbewusstsein. Andere Herrscherdynastien kamen und gingen teilweise schneller, als die Chronisten Zeit benötigten, deren Verwandtschaftsverhältnisse zu dechiffrieren, den Stammbaum zu zeichnen und ihre Geschichte in historischen Wälzern niederzuschreiben. Die royalen Vertreter des Habsburger-Clans wurden vom Volk angebetet – sie waren und sind bis heute Kult. Von den Habsburgern erreichten etwa 400 Personen das Erwachsenenalter, 18 davon wurden in der Hauptlinie Kaiser, vier Könige, eine Königin und fünf Herzöge.

Keine andere der tonangebenden Großfamilien in Europa hat so viele interessante wie exzentrische Persönlichkeiten hervorgebracht und war gleichzeitig so mächtig wie die Habsburger. Die Geschichte nahm während dieser Zeit kaum eine Wendung, bei der die Mitglieder dieser historisch bedeutenden Familie nicht ihre Finger im Spiel hatten: Mit ihren mutigen Händeln, taktisch klugen politischen Pakten sowie geheimen Abkommen bestimmten sie die Entwicklung des Landes ebenso wie mit ihrer legendären Unbeholfenheit, Ratlosigkeit und Feigheit. Sie nahmen in Europa Einfluss auf die Ländergrenzen, die Sprache und Religion von Millionen Erdenbürgern, außerdem auf die Gestaltung der Städte und die Bildung ihrer Einwohner. Die Habsburger wurden von weit mehr Menschen gehasst als geliebt und waren stets Opfer von Intrigen, Manipulation und Anschlägen auf ihr Leben, jedoch ohne dadurch jemals ernsthaft an Geltung und Wirkung zu verlieren.

Ihre Erfolge verdankten sie ebenfalls teilweise unsauberen Praktiken wie Bestechung, Drohung und Erpressung, denen sie bei Aussicht auf Reichtum und Machtzugewinn auch nicht abgeneigt waren. Auf dem Höhepunkt ihres Erfolgs hatte sich ihr Herrschaftsgebiet auf große Teile Europas ausgedehnt, wobei diese Expansion weniger auf kriegerischen Eroberungen beruhte, als vielmehr der sogenannten „Heiratspolitik" der Habsburger zu verdanken war.

Im Laufe der Jahre wurden die verwandtschaftlichen Verhältnisse innerhalb des Clans immer komplizierter und verworrener, nur noch Kenner konnten die Zugehörigkeit der Mitglieder genau einordnen. Darüber hinaus traten bei den Blaublütlern aufgrund oftmaliger Fortpflanzung in den eigenen Reihen zahlreiche erbliche Belastungen wie geistige und körperliche Leiden auf. Es setzten sich einige signifikante Merkmale im Aussehen durch, beispielsweise ein hervorstehender Unterkiefer samt Überbiss der unteren Schneidezähne, die „habsburgische Unterlippe", ein Höcker auf der Nase und ein „Turmschädel" mit hoher Stirn. Einige Familienmitglieder hatten zusätzlich einen wie nach einem Schlaganfall hängenden Mundwinkel sowie eine damit einhergehende schlecht artikulierte Aussprache, die teilweise den Eindruck von Debilität vermittelte. Einige der weiblichen Familienmitglieder wurden aufgrund dieser optischen Makel, die dem Gesicht eine gewisse Härte verliehen, nicht selten als „Mannweib" bezeichnet.

Die Bevölkerung befürchtete aufgrund der genetischen Deformationen unfähige Herrscher und machte sich zugleich über die markanten Merkmale der Familienmitglieder lustig. Die Wiener spotteten in jener Zeit, begegneten sie einer Person mit einer derartigen Physiognomie, einem „Langschädel mit Gosch'n": „Entweder is a Zangengeburt oda a Erzherzog!"

In Spanien soll ein in der Menge stehender Bauer Kaiser Karl V., der aufgrund eines starken Überbisses den Mund immer leicht geöffnet hatte, bei dessen Ritt durch die Gemeinde zugerufen haben: „Eure Majestät, schließen Sie bitte Ihren Mund, die Fliegen in unserem Land sind sehr unverschämt." Die Antwort des Regenten ist bedauerlicherweise nicht bekannt. Ähnliches ist von Leopold I. überliefert, der sich einmal beim Kegeln im Freien darüber ärgerte, dass es ihm in den Mund regnete. Sein Begleiter, Fürst Gionvanni Ferdinando de Porcia, riet daraufhin dem Monarchen, doch einfach den Mund zu schließen.

Die Herrscher aus dem Haus Habsburg trugen eine berufliche Last, denn für die meisten war ihr Leben, das aus striktem Protokoll und gottgewollten Vorschriften bestand, als Träger der Krone mehr Bürde als Würde – einige von ihnen entschieden sich daher, ihren persönlichen Vorlieben den Vorzug zu geben und mehr privat zu agieren als öffentlich zu regieren. Oder sie integrierten ganz einfach ihre teilweise schrulligen Hobbys in den die meiste Zeit über langweiligen Job am Thron.

Als erstes Mitglied dieser Dynastie gilt Guntram „der Reiche", der in der zweiten Hälfte des 10. Jahrhunderts lebte. Sein Nachkomme Otto II. (um 1100) war der erste aus dem Clan, der in seinem Namen die Bezeichnung „von Habsburg" benutzte.

Der Name des bekannten Herrschergeschlechts leitet sich von ihrer Stammburg (ursprünglich „Habichtsburg") in der Gemeinde Habsburg (heute Kanton Aargau in der Schweiz) ab, die zu Beginn des 11. Jahrhunderts errichtet wurde. Der Legende nach entfloh während einer Jagd ein abgerichteter Habicht, den Graf Radbot wenig später auf dem Wülpelsberg wiederfand und den Standort als ideal für den Bau einer Burg befand. Dort lebte die Familie aber nur rund 200 Jahre lang, danach verließen die Grafen ihre Heimat, um fremde Gebiete bzw. Herrschaften zu erobern.

Mit dem Tod des Babenbergers Herzog Friedrichs II. im Jahr 1246 geriet die Macht dieses bis dahin in Österreich herrschenden Adelsgeschlechts fränkisch-bayrischer Herkunft bereits ins Wanken, einige Jahre später erlosch es vollständig. Ihr Erbe fiel 1278 mit Rudolf I. (1218–1291) – in der neunten Generation nach Guntram „dem Reichen" – an das Haus Habsburg. Rudolf, der bereits 1273 zum König des Heiligen Römischen Reiches (HRR) gekrönt worden war, begründete damit die überregionale Bedeutung seiner Dynastie.

Sein Urenkel, Herzog Rudolf IV. (1339–1365), erreichte 1358/59 als einflussreichster Habsburger des 14. Jahrhunderts mit der Urkundenfälschung „Privilegium maius" die Rangerhöhung der Habsburger zu „Erzherzogen", die man nach der offiziellen Anerkennung des Dokuments mit umfangreichen Rechten ausstattete. Außerdem vergrößerte er das Reich um Tirol, das er 1363 von Margarete Maultasch erwarb.

Ab 1438 stellte das Adelsgeschlecht fast ununterbrochen die deutschen Könige und Kaiser des Heiligen Römischen Reiches, wobei mit der Krönung Friedrichs III. (1415–1493) im Jahr 1452 zum ersten Kaiser dieses Ranges die Stellung der Habsburger in Europa weiter gefestigt wurde. Sein Nachfolger war sein Sohn Maximilian I. (1459–1519).

Der in Spanien geborene spätere Kaiser Ferdinand I. (1503–1564) erhielt durch den Wormser Teilungsvertrag mit seinem Bruder Kaiser Karl V. (1500–1558) die Erblande der Habsburger in Mitteleuropa zugesprochen und begründete damit 1521 die österreichische Linie der Familie. 1526 gelangten Böhmen, Mähren, Schlesien und Ungarn an das Haus Habsburg. Ferdinands Nachfolger war sein Sohn Maximilian II. (1527–1576), der gemeinsam mit seiner Frau Maria von Spanien, der Tochter Karls V., als Begründer der österreichischen Hauptlinie der Dynastie gilt.

Auf Maximilian folgte dessen Sohn Rudolf II. (1552–1612). Da Rudolf ebenso wie sein Bruder Matthias kinderlos blieb, wurde Cousin Ferdinand II. (1578-1637) zum Familienoberhaupt und Nachfolger auf dem Kaiserthron ernannt. Mit seinem Sohn, Ferdinand III. (1608–1657), der die Kapuzinergruft (auch Kaisergruft) zur Erbbegräbnisstätte seiner Familie ausbauen ließ, setzte sich Wien nach dem von Rudolf II. favorisierten Prag als Hauptstadt des Habsburgerreiches durch.

Der Mannesstamm (Abstammungs- und Erbfolge von Vater zu ehelichem Sohn) der spanischen Linie der Dynastie (die über Spanien, Portugal und deren Besitzungen in Amerika, Afrika und Asien herrschte) starb mit dem spanischen König Karl II. (1661–1770) aus, der Mannesstamm der österreichischen Linie (als Regenten über Österreich und Steiermark, sowie später über Böhmen, Kroatien und Ungarn) endete mit Kaiser Karl VI. (1685- 740). Die Tochter von Karl VI., Maria Theresia (1717–1780), begründete jedoch mit ihrem adeligen Gatten Franz Stephan von Lothringen (1708–1765) das Haus Habsburg-Lothringen und konnte dank der „Pragmatischen Sanktion" ihres Vaters (Urkunde zur Sicherung der habsburgischen Thronfolge durch weibliche Nachkommen) die österreichische Linie fortführen. Als ihr Sohn Joseph II. (1741–1790) geboren wurde, hieß es – trotz Maria Theresias Geschick als Herrscherin neben ihrem Gemahl – seitens der Bevölkerung: „Gott sei Dank hat Österreich jetzt wieder Hosen an!" In dieser österreichischen Linie verblieb die Kaiserwürde HRR (Heiliges Römisches Reich) dann bis zum Ende des alten Heiligen Römischen Reiches im Jahr 1806.

Maria Theresias Enkel, Franz II. (1768–1835), Sohn von Kaiser Leopold II. (1747–1792), war der letzte römisch-deutsche Kaiser (bis 1806) und unter dem Namen Franz I. ab 1804 Begründer und Regent des Kaisertums Österreich das 1867/68 zur Doppelmonarchie Österreich-Ungarn umgewandelt wurde.

Diese bestand mit Kaiser Karl I. (1887–1922), dem Neffen des in Sarajevo ermordeten Erzherzogs Franz Ferdinand, bis 1918. Nachdem der Erste Weltkrieg zum Zerfall der Habsburgermonarchie geführt hatte, verbanden sich die autonomen deutschsprachigen Kronländer zur heutigen Republik Österreich. Man könnte also durchaus sagen, dass eine der mächtigsten Dynastien der Welt mit Karls Abdankung von der Bühne der Geschichte abtrat.

Zuvor hatten allerdings noch drei der bekanntesten Mitglieder der Familie ihren Auftritt: Kaiser Franz Joseph I. (1830–1916), der Enkel von Franz II., seine Gemahlin Elisabeth (1837–1898), genannt „Sisi", und deren tragisch durch (vermutlich) Selbstmord früh aus dem Leben geschiedener Sohn Kronprinz Rudolf (1858–1889).

Endgültig geschlossen hat sich der imperiale Kreis im Jahr 1989 mit dem Tod des letzten gekrönten Mitglieds der Habsburger, Kaiserin Zita (1892–1989), Gattin von Kaiser Karl. Ihr Körper ruht in der Kapuzinergruft, aber ihr Herz wurde zurück an den Ursprung des Adelsgeschlechts gebracht: in ein Kloster im Schweizer Kanton Aargau. Das Familienoberhaupt der bürgerlich gewordenen Habsburger ist derzeit Karl (* 1961), der älteste Sohn des letzten Kronprinzen Österreich-Ungarns, Ottos von Habsburg-Lothringen (1912–2011).

Während ihrer über sechs Jahrhunderte lang dauernden Regierungszeit trugen 18 Habsburger den Kaisertitel (von 1452 mit Friedrich III. bis 1918 mit Karl I.). Dazu kam eine Unzahl von Königen, Fürsten, Herzögen und Erzherzögen, Grafen und anderen titeltragenden Mitgliedern der Familie in regierender Funktion quer durch alle Erblande. Spuren ihrer langen Herrschaft finden sich überall auf der Welt in oder an Gebäuden, in der Sprache oder in bis heute gültigen Gesetzen.

Abweichende Bezeichnungen oder Synonyme für die Herrschaft der Habsburger sind ab dem 15. Jahrhundert „Haus Österreich" (österreichische Linie), „Casa de Austria" (spanische Linie), „Erzhaus" (die Adelsfamilie schuf den Titel „Erzherzog/Erzherzogin" und war weltweit die einzige Dynastie, die ihn verwendete) sowie „Habsburgermonarchie" als inoffizielle Benennung für die regierten Herrschaftsgebiete der österreichischen Linie.

MAROTTEN, ALLÜREN UND EXTRAVAGANZEN – SONDERLINGE IM KAISERHAUS

Faszinierende Sonderlinge

Neben der Schaulust der „Gaffer“ – Personen, die einst beispielsweise Hinrichtungen mit feuchtfröhlichen Galgenfesten zelebrierten, existiert noch ein weiterer, tief in der Urgeschichte wurzelnder Reiz beim Betrachten von menschlichen oder tierischen Abnormitäten. Hier paaren sich Nervenkitzel und Sensationsgier oder Wissensdurst und Forscherdrang, in allen Fällen motiviert durch das Phänomen des Genusses am Grauen in Kombination mit dem Staunen über Unbekanntes.

Unter Umständen, so vermuten Psychologen, steht in vielen Fällen ein instinktiver Überlebenstrieb im Vordergrund: Durch das Ergründen von möglicherweise in dieser Form noch Unbekanntem, wiegt sich der Mensch in Sicherheit, mit der trügerischen Annahme, auf „alles“ vorbereitet zu sein. Andere wiederum erleben einen emotionalen Kick beim Betrachten von Abnormitäten, weil es einen Hauch von Einzigartigkeit hat, und noch viel elitärer fühlt man sich, wenn man die Raritäten sogar besitzt. Sehr häufig ist der Grund für „Sensation Seeking“ auch der Wunsch nach Abwechslung vom unbefriedigenden Alltag. Die betroffenen Personen haben in der Regel allerdings ein hohes Erregungslevel, um sich von der Tristesse ihres Daseins abzulenken – wie es beispielsweise bei Kaiserin Sisi der Fall war.

Die Habsburger zeigten großes Interesse an diversen eigenartigen Naturalien, die sie selbst von Reisen mitbrachten oder ihre Gesandten in ihrem Auftrag beschaffen mussten, sobald sie Kunde von deren Existenz erhielten. So sammelten sie beispielsweise in Spiritus eingelegte Hautlappen andersfarbiger Menschen, präparierte Finger oder Zehen von Massenmördern, Mumien oder Wachsmodelle von krankhaft veränderten Körperteilen Verstorbener. Zum wissenschaftlichen Interesse an den Objekten kam die Machtdemonstration, etwas zu besitzen, das kein anderer Herrscher weltweit sein Eigen nennen konnte.

Aus dem Bedürfnis heraus, besonders seltene, wertvolle, exotische und höchst eigenwillige Dinge anzuhäufen, gründete Rudolf IV. im 14. Jahrhundert den Hausschatz der Habsburger – nicht umsonst wurde der Herzog auch „der Stifter" genannt, stand er doch im Ruf, durch Institutionalisierungen, und seien sie noch so absurd, im Gedächtnis des Landes bleiben zu wollen. Schon bald schwenkte Rudolfs Wesen von „höchst eigenwillig" auf „bizarr" und konnte sich dabei auch der Faszination am Abnormen nicht entziehen. Und so fügte er seiner anfänglich aus raren Kostbarkeiten bestehenden Sammlung diverse Kuriositäten aus aller Herren Länder hinzu.

Einer von Rudolfs Nachfahren, Kaiser Maximilian I., verbarg die geerbten Schätze seiner Familie noch in finsteren Gewölben unter der Hofburg, einerseits aus Angst vor Diebstahl, andererseits wollte er vermeiden, dass das Volk einen Blick auf die teilweise sehr morbiden Exponate werfen konnte. Nur Menschen aristokratischer Abstammung und edlen Geblüts sollten das Privileg genießen, die Raritäten zu Gesicht zu bekommen.

Maximilians Enkel, Kaiser Ferdinand I., widmete dem sorgsam gehüteten, mysteriösen Hausschatz bereits eigene Räumlichkeiten zur Aufbewahrung und ließ sie sortieren und katalogisieren – so entstand im Jahr 1558 in der Hofburg die erste geheime „Kunsst Camer", deren Fundament Forscher erst 2013 nahe dem Schweizertor entdeckten.

Dieser Habsburger galt als eher bescheidener Mann, der zur weiteren Bestückung der Sammlung mehr Kuriositäten als Wertgegenstände sammelte. Besonders beliebt waren zu jener Zeit Porträts von Haarmenschen und aus den Armen und Beinen der Betroffenen herausgeschnittene Hautfetzen.

Ab dem frühen 17. Jahrhundert, als sich der Adel langsam nicht mehr völlig vom Volk abschottete und die Bürger teilweise an seinen Privilegien teilhaben ließ, wurden unter der Regentschaft Ferdinands III. bereits Führungen durch die „Kunst- und Wunderkammern" veranstaltet. Die Sammlung galt zu jener Zeit in ihrer Gesamtheit als Spiegel des Kosmos, stellte die Summe des damaligen Wissens über die Welt dar und symbolisierte deren Beherrschung.

Ein weiterer Bewunderer und exzessiver Sammler von Abnormitäten war Erzherzog Ferdinand II. von Tirol, der Sohn von Ferdinand I. Auf seinem Schloss Ambras in Innsbruck sammelte er im 16. Jahrhundert vorwiegend Porträts des Haarmenschen Petrus Gonsalvus von Teneriffa (bis heute bezeichnet man die krankhafte übermäßige Behaarung als „Ambras-Syndrom"). Darüber hinaus ließ er auf seinem Anwesen „verwachsene und verkrüppelte" Menschen malen, deren Bilder er dann in allen Räumen verteilte und stolz seinen Besuchern zeigte. Der Erzherzog bemaß den Wert dieser Werke weit höher als den von Geld, Gold und Geschmeide – Reichtümer, die schließlich jeder Herrscher haben konnte. Neben seinem Faible für Haarmenschen holte er außerdem „Zwerge" auf sein Schloss und liebte es, sie in ihrer Rolle als „Hofnarren" zu beobachten.

Die Habsburger scheinen überhaupt eine sehr eigene Beziehung zu Haaren gehabt zu haben – so sprach etwa Philipp II. von Spanien beim Anblick eines seiner Bediensteten, der sich seinen grauen Bart schwarz gefärbt hatte: „Wer seinen eigenen Haaren nicht getreu ist, der wird auch seinem Könige untreu sein!"

Nach Ferdinand II. von Tirol begann dessen Neffe Rudolf II. in seiner Residenz auf dem Prager Hradschin mit dem Aufbau einer „idealen" Kunst- und Wunderkammer. Er beschäftigte Agenten in ganz Europa, die nach Objekten Ausschau halten und ihm alles herausragend Schöne, Wertvolle oder Seltene bringen sollten. Unter seinen wertvollsten Sammelstücken befanden sich der Dolch, mit dem der Überlieferung nach Julius Cäsar erstochen worden war, und eine Schale aus Achat, der Heilige Gral, mit der einst Josef von Arimatäa auf Golgatha das Blut Christi unter dem Kreuz aufgefangen haben soll. Allerdings gab es auch jede Menge Abnormes, wie beispielsweise in Alkohol eingelegte Missgeburten, die sich der Kaiser gerne abends bei Kerzenschein ansah und eingehend studierte.

Eine Vorliebe für „kuriose Menschen" zeigte auch Rudolfs Cousin, Kaiser Ferdinand II. Allerdings gehörte es damals fast zum guten Ton, Winzlinge, Riesen, Missgestaltete oder „Mohren" als Beweis für die Launen der Natur zu beschäftigen und sie bei Gesellschaften vorzuführen. Der „Besitz" von „ungewöhnlichen Kreaturen", stärkte den guten Ruf eines Monarchen. Es belegte seine weitreichenden Verbindungen in alle Teile der Welt, da gute Beziehungen notwendig waren, um sich mit den begehrten „Anomalien" zu versorgen.

Teuer kam der aufwendig geführte und mit Wunderlichkeiten bestückte Regentenhaushalt auch schon bislang, wie man in dem Buch „Allgemeine Weltgeschichte von der Schöpfung an bis auf gegenwärtige Zeit" aus dem Jahr 1795 nachlesen kann, in dem der Autor Christoph-Gottlob Heinrich die üblichen Aufwendungen an einem Kaiserhof beschrieb: *Zu diesen ungeheuren Verschwendungen der Tafel rechne man noch an den fürstlichen Höfen die musicalischen Kapellen, die Feuerwerke seit dem Anfange des 17ten Jahrhunderts, die große Menge unnöthiger Hofleute, Hofzwerge, Hofnarren und Hofbediensteten.*

Ferdinand II. selbst war kein großer Mann, ging zudem aufgrund eines Rückenleidens im weiter fortgeschrittenen Alter stets etwas gebückt und erinnerte selbst an einen Gnom. Möglicherweise rührte seine Faszination vor allem für kleinwüchsige Menschen von einem Komplex hinsichtlich seines für einen Herrscher eher ungünstigen Wuchses. Er ließ sich sogar mit einem seiner „Zwerge" malen (vermutlich handelte es sich dabei um seinen „treuen Hänsel", den er von seinem Cousin, Kaiser Matthias, übernommen hatte). Der Monarch erscheint auf dem Bild aus dem Jahr 1604 unverhältnismäßig groß, an seiner Seite ist eine kleine Person zu sehen, der er huldvoll die Hand auf den Kopf legt – eine Geste zur Demonstration seiner Größe und für die Stärkung des Egos.

Im Jahr 1891 wurden viele der Exponate und Gemälde aus dem Besitz der genannten Habsburger im Kunsthistorischen Museum vereint. Daneben existieren noch die Exotika-Sammlung auf Schloss Ambras in Innsbruck sowie die Wunderkammer Salzburg als barockes Kuriositätenkabinett.

Einer der letzten Liebhaber von aus der Norm fallenden Artefakten war Erzherzog Rainer, der Onkel von Kaiser Franz Joseph, der Ende des 19. Jahrhunderts exzessiv „seltene Papiere" aus aller Welt zusammentrug. Unter seinen Gustostückerln befanden sich beispielsweise eine medizinische Rezeptur für Zahnpulver aus dem „Urwald", Schriftübungen von Schreibschülern aus fernen Ländern oder ein Strafmandat wegen Straßenverschmutzung aus Wien. Insgesamt bestand die Sammlung aus rund 180 000 Papyri aus drei Jahrtausenden, die in die UNESCO-Liste „Memory of the World“ aufgenommen wurde und in der Neuen Hofburg zu besichtigen ist.

„Andersartigkeiten“ besaß Ende des 18. und Anfang des 19. Jahrhunderts auch Franz II./I., der sich im Kaisergarten der Hofburg, heute der Burggarten, gerne mit exotischen Pflanzen und Tieren umgab. Er liebte es, den Affen beim Klettern zuzusehen und bewunderte deren Possierlichkeit, wie er oft und gerne gegenüber seinen Bekannten äußerte. Viel lieber als zu herrschen, hätte er wie andere Weltenbummler und Forscher die verschiedensten Länder der Erde bereist und sich an den prächtigen Geschöpfen der Natur erfreut. So finanzierte er aufwendige und für die Botaniker und Zoologen in seinen Diensten sehr strapaziöse Expeditionen rund um den Globus, um von dort seltene Pflanzen und Tiere nach Österreich bringen zu lassen.

Um dem fernwehgeplagten Monarchen eine ganz besondere Freude zu machen, brachte ihm eines Tages einer seiner Wissenschaftler, Johann Pohl, einen dunkelhäutigen Eingeborenen aus Übersee mit und überreichte das Geschenk mit den Worten: „A Wüda zum Studiern, moch mit eam wosd wüst.“ Der Kaiser, mehr erschrocken als erfreut, wusste nicht so recht, was er mit ihm anfangen sollte und ließ aus Mangel an anderen Ideen einen Pavillon im Affengehege – nobler ausgedrückt: im Tropenbereich des Kaisergartens – bauen. Doch das Präsent hielt ihn ganz schön auf Trab, sorgte er sich doch um den Mann, der trotz Pflege und Fürsorge immer kränker aussah, und den er nicht verstand. Ihm war nach den Reisestrapazen und aufgrund des neuen Klimas sowie der ungewohnten Kost kein langes Leben beschert – er lag eines Tages tot im Gehege. Kaiser Franz ließ den verstorbenen Exoten ausstopfen und in einem künstlichen Urwald zur Schau stellen.

Immer wieder bekam er Eingeborene aus afrikanischen Buschdörfern geschenkt, die allesamt bald starben und die Franz präpariert in Schönbrunn ausstellte. Als sein Dschungelnachbau immer voller wurde, wurden die „Wüden“ sukzessive in sein Naturalienkabinett in der Hofbibliothek am Josefsplatz gebracht.

Dieses Los traf auch den bekannten afrikanischen Kammerdiener Angelo Soliman, den „hochfürstlichen Mohr“ im Haushalt von Fürst

Wenzel von Liechtenstein. Der hatte ihn für seinen Haushalt nach Wien geholt, galten diese menschlichen „Schaustücke" der exotischen Mode des Rokoko damals doch als Prestigesubjekte. Nach Solimans Tod im Jahr 1796 wurde ihm die Haut abgezogen und diese über eine, den Zügen und Konturen des „seltsamen Negers" nachempfundene Holzpuppe gestülpt. Kaiser Franz äußerte den Wunsch, die *„Schönheit seiner feingeschnittenen Gesichtszüge und die Zartheit und Ebenmäßigkeit seines Baus"* für die Nachwelt zu erhalten und kaufte ihn für seine umfangreiche Sammlung.

Bis 1806 stand der dunkle Diener mit Schnüren aus Glasperlen sowie Federgürtel und -krone geschmückt im kaiserlichen Naturalienkabinett.

Nach Protesten aus dem Volk durften keine menschlichen Präparate mehr öffentlich ausgestellt werden, man konnte sie aber gegen ein kleines Trinkgeld nach wie vor im Depot besichtigen. 1848 zerfiel die Hülle des Afrikaners bei einem Brand im Naturalienkabinett zu Asche; leider noch bevor ihn seine Tochter Josephine zurückkaufen, beerdigen und seine Würde wiederherstellen konnte. Den Gipsabdruck von Solimans Kopf, der nach seinem Tod gemacht worden war, hat man 1996 im Badener Rollettmuseum entdeckt.

Im 19. Jahrhundert war es vor allem Kaiserin Elisabeth, genannt Sisi, die sich am Betrachten und Studieren „abnormaler Bürger" sowie missgebildeter oder anders verunstalteter Personen ergötzte – eine Leidenschaft, die sie mit ihrem Sohn, Kronprinz Rudolf, teilte. Ihr „gehörte" auch der letzte bekannte Afrikaner am Kaiserhof: Rudolph Rustimo, Kammeransager und Spielgefährte von Prinzessin Marie Valerie. 1890 fiel er am Hof in Ungnade, wurde entlassen, begann zu trinken und endete in der Versorgungsanstalt in Ybbs an der Donau.

Dem skurrilen Trend, der sich in Adelskreisen rasch ausbreitete, folgend wurden ab Mitte des 19. Jahrhunderts im Prater Abnormitäten-Shows veranstaltet. Hinter vorgehaltener Hand erfuhr zu dieser Zeit auch das Volk von dem kuriosen Hobby der geliebten Kaiserin und eiferte ihr nach – und schon bald pilgerten jeden Sonntag Hunderte von Schaulustigen in den Wiener Vergnügungspark und hatte ihren Spaß am Grauen.

Eine weitere Attraktion gesellte sich im Jahr 1871 zu den Abnormitäten-Kabinetten, als der Globetrotter Hermann Präuscher dank eines in Paris bei einer Wette gewonnenen größeren Geldbetrags im Prater ein Panoptikum und Menschenmuseum eröffnete (an der Stelle, an der sich heute ein Teil des Venediger-Au-Parks befindet). Der Dompteur stellte in seiner Bude vorwiegend menschliche Präparate, etwa krankhaft veränderte Körper- und Geschlechtsorgane sowie abgetrennte Gliedmaßen, aus. Zusätzlich zeigte er Wachsfiguren berühmter Persönlichkeiten, diverse mittelalterliche Foltergeräte, seltsame Szenerien wie „Gorilla, der ein weißes Mädchen raubt" und ausgestopfte Menschen.

In den Räumlichkeiten fanden auch Veranstaltungen wie ein Affentheater oder Hundeballett statt. Der Raubtierbändiger und Schausteller galt nach seiner Übersiedlung nach Österreich schon bald als Wiener Unikat und war unter anderem dafür bekannt, mit seinem Löwen an der Leine frühmorgens durch die Praterauen zu spazieren. Kaiserin Elisabeth soll Präuscher sogar spaßeshalber ein Stück Haut von ihrer Schulter versprochen haben – jenes mit dem tätowierten Anker, den sie sich im Jahr 1888 in einer griechischen Hafenkneipe hatte stechen lassen. Bekommen hat Hermann Präuscher natürlich nichts.

Auch noch im ersten Drittel des 20. Jahrhunderts präsentierten die Veranstalter Haarmenschen, bärtige Damen, Rumpfmenschen, Albinos, Fettleibige, siamesische Zwillinge und Menschen mit körperlichen Behinderungen, wie beispielsweise den Russen Nikolai Kobelkoff, dem bis auf kurze Stümpfe die Gliedmaßen fehlten. Für die morbide Suche nach verunstalteten Personen als „groteske Launen der Natur" wurden sogar Annoncen in die Zeitung gesetzt: *Anstoß Julius, Schausteller und Impressario, engagiert Abnormitäten und sonstige Sehenswürdigkeiten*, hießt es da beispielsweise am 20. Mai 1909 in der Zeitung „Kinematographische Rundschau".

Eine Ankündigung des „Zirkus Zentral", zu lesen in der Zeitung „Das kleine Blatt" am 6. Juni 1932, versprach: *Man hat ja schon oft Abnormitäten gesehen, aber in dieser Zusammenstellung wirken sie wirklich beklemmend.* Beschrieben sind: *Marianne, die 2,38 Meter groß ist; ein Mann mit zwei Mägen, der ein Fass Bier in zehn Minuten wegsäuft und lebende Frösche schluckt, um sie, immer noch nicht tot, wieder hervor zu würgen; eine Dame, links normal, die rechte Körperhälfte zwergenhaft kindlich entwickelt; eine Holländerin, 250 Kilogramm schwer, die schon bei ihrer Geburt 19 Kilogramm wog, und zarte Handerln, so ungefähr im Ausmaß von großen Gullaschreindeln, wie sie in Wirtshäusern verwendet werden, besitzt.*

Viele außergewöhnlich aussehende Menschen verkauften ihre Körper zu Lebzeiten für viel Geld und führten bis zu ihrem Tod ein Dasein in Saus und Braus.

Im 19. Jahrhundert boomte zudem das „Völkerschauen", etwa bei den Wildwestshows von Oberst William Cody, alias Buffalo Bill, im Wiener Prater. Der amerikanische Abenteurer, Bisonjäger und Büffelschlächter hielt jedes Mal mit rund 80 Wagen, 250 Mann und ebenso vielen Pferden Einzug und begeisterte das Wiener Publikum mit gespielten Kampfszenen und Tierjagden. Die mit angereisten „Indianer" und ihre Kultur faszinierten vor allem Thronfolger Franz Ferdinand, der nach jeder Veranstaltung die „Rothäute" in ihrem Zeltlager besuchte und sich mit ihnen unterhielt. Auf seiner letzten Tournee 1906 brachte Buffalo Bill ein lebendes Kuriositätenkabinett mit nach Wien, darin befanden sich unter anderen eine Schlangenbändigerin, ein afrikanischer Riese und ein Mann mit blauer Haut.

Ein weiteres Highlight am Pratergelände war die 1911 errichtete Liliputstadt, die jedoch bald wieder geschlossen wurde. Stattdessen folgten 1914 ein „Liliput-Circus-Varieté" und 1937 das „Märchenreich Liliputanien". 1934 wurde aufgrund des wiedereinsetzenden Interesses eine weitere Liliputstadt eröffnet, nahe dem Praterstern am Beginn der Hauptallee, die bis 1937 existierte.

Das „Neuigkeits-Welt-Blatt" Nr. 122 vom 30. Mai 1937 berichtete von der Miniaturstadt im Prater, in der die Kleinwüchsigen tatsächlich lebten: *Beim „Ponywirt" in der Liliputstadt sitzen alle „dienstfreien" Liliputaner in kleinen Sesseln bei ganz niedrigen Tischerln und erledigen entweder ihre Korrespondenz, natürlich sind es vor allem Briefe in die Heimat, die sie oft jahrelang nicht sehen, oder sie spielen Karten, lesen Wiener Zeitungen oder tauschen Briefmarken.*

Zu dieser Zeit war die Herrschaft der Habsburger jedoch bereits Geschichte.

Die Faszination am Abnormen dauert allerdings bis heute an – nicht umsonst stürmen jährlich Wiener wie Touristen den „Narrenturm“ auf dem Gelände des Alten AKH. In der ehemaligen „Irrenanstalt“, erbaut Ende des 18. Jahrhunderts unter Kaiser Joseph II., ist seit 1971 das Pathologisch-Anatomische Bundesmuseum untergebracht. Es sind darin mittlerweile rund 50 000 Präparate ausgestellt, die beispielsweise missgebildete Embryos in Spiritus oder Wachsmodelle von krankhaft veränderten menschlichen Körperteilen zeigen. Es handelt sich dabei um eine der weltweit bedeutendsten Sammlungen ihrer Art.

Magie, Geisterglaube und Hellsicht

Der Glaube an paranormale Phänomene, die sich im Unschärfebereich der naturwissenschaftlichen Gesetze bewegen, existiert seit Anbeginn der Menschheit. Doch immer wieder erhoben sich Realisten und Moralapostel über die Fantasten und Alternativdenker und leugneten die Existenz der Graubereiche zwischen Schwarz und Weiß, weil sie den Einfluss des Unerklärlichen zu sehr fürchteten. Diese Angst führte im Mittelalter zur Verfolgung von mit unerklärlichen Gaben gesegneter Menschen, die aufgrund ihrer Veranlagung, Überzeugung oder aus der Norm fallender Lebensweise auf den Scheiterhaufen geworfen wurden.

War damals der Aberglaube im Sinne traditioneller Überlieferungen gerade noch toleriert, wurde jede Art von Paranormalität verleugnet und spiritistische Individualität mit der ganzen Strenge des Gesetzes verfolgt. Die braven katholischen Bürger, geprägt vom „Memento mori“ und verängstigt von Schreckensszenarien wie dem Höllenfeuer, meinten bald in jedem Eigenbrötler das Böse zu erkennen. Indoktriniert denunzierten sie Nachbarn, Freunde, ja sogar Familienmitglieder, die angeblich Hexerei betrieben, mit Verstorbenen in Kontakt standen, einen Pakt mit dem Teufel geschlossen hatten, von Dämonen besetzt waren oder das „zweite Gesicht“ besaßen. Zugleich suchten die Menschen gerade bei diesen „Sonderlingen“ Rat und Heilung, wenn sie sich in einer Notlage befanden und ihnen weder die Naturwissenschaft noch der Glaube an Gott weiterhelfen konnte.

Trotz aller Skepsis machte der Okkultismus auch vor dem Haus Habsburg nicht Halt. Einige Mitglieder der Familie hatten sich der Magie oder Zauberei verschrieben, andere pflegten regelmäßigen Kontakt mit Geistern. So manch ein Angehöriger des mächtigsten Clans der österreichischen Geschichte scheint sogar selbst dazu verdammt, auf ewig als feinstoffliche Energie durch die Zeiten zu irren – sehr elitär selbstverständlich (mehr dazu im Buch „Die spukenden Habsburger" von Gabriele Hasmann).

Schon der erste römisch-deutsche König aus dem Haus Habsburg, Rudolf I., soll sich von Spukwesen beraten lassen haben – und zwar von den Geistern seiner Vorfahren, wie er einmal anlässlich einer Rede bekanntgab.

Kaiser Friedrich III., der sich ansonsten eigentlich nur für Gold und Juwelen interessierte, betätigte sich als Esoteriker: Er berechnete mit Vorliebe Horoskope, richtete auch sein Handeln danach aus und behauptete, in den Sternen gewisse Ereignisse vorausgesehen zu haben. Er las außerdem aus der Gestalt und den Händen seiner Mitmenschen deren Schicksal. Nicht selten wurde über die „Jahrmarktkünste" des Kaisers gespottet, doch der ließ sich nicht beirren und wandte viel Zeit für seine „Forschung" auf; mehr jedenfalls, als für seine Familie und fürs Regieren.

Da er sich Neuerungen gegenüber konsequent verschloss, ausschließlich an die Magie des Altertums glaubte und sich dabei auf pseudowissenschaftliche Schriften berief, fanden seine Berechnungen keine Beachtung – was den Hobby-Astronomen und Freizeit-Astrologen jedoch nicht weiter kümmerte. Und auch in seinem persönlichen Kosmos kreisten die Gedanken – neben jenen an seine Reichtümer – eher um mystische Symbole, magische Formeln und halbverdaute Lebensweisheiten als um zeitgemäße naturwissenschaftliche Gesetze.

Einer der ersten echten Wundergläubigen aus der mächtigen Herrscherdynastie war Rudolf II., der rätselhafte Melancholiker. Als Kind hatte sein Onkel ihn und seine Brüder dazu gezwungen, zuzusehen, wie Ketzer samt ihren häretischen Büchern verbrannt wurden.

Diese Spektakel und der religiöse Eifer vieler seiner Mitmenschen machten Rudolf zeit seines Lebens misstrauisch gegenüber den dogmatischen Lehren der Kirche und dem frommen Fanatismus der Erzkatholiken.

Schon früh wandte sich der Habsburger der Magie zu. So besaß er beispielsweise eine überaus berühmte Hauskrone, die dem Träger eine Verbindung mit dem Überirdischen garantieren sollte. Angefertigt 1602 vom kaiserlichen Kammergoldschmied und Juwelier Jan Vermeyen in Prag, saß an der Spitze des Prunkstücks ein blauer Saphir als immer wiederkehrendes „Zaubersymbol" der Habsburger, der als eine Art Antenne fungieren sollte. Die Hauskronen, als Gegenstück zur „öffentlichen Krone des Heiligen Römischen Reiches", wurden als Privatschmuck üblicherweise nach dem Tod des jeweiligen Herrschers zerstört, Gold und Edelsteine anderweitig verwendet. Nicht so der „Zauberhut" von Rudolf II., der gegenwärtig in der Schatzkammer der Habsburger in der Hofburg zu bewundern ist. In der Sammlung des magieaffinen Habsburgers befand sich außerdem das „Ainkhürn", ein Narwalzahn, den man zu Rudolfs Zeiten für das Horn eines Einhorns mit unerklärlichen Kräften hielt, das seinem Besitzer Macht und Tatkraft verleihen sollte. Darüber hinaus besaß er sogenannte Bezoare, tierische Magensteine, die sich im Leib der Tiere durch unverdauliche Futterreste bildeten und in der Nähe von Menschen schädliche Stoffe neutralisieren sollten.

Aus Angst, vergiftet zu werden, ließ Rudolf einen dieser Bezoare aushöhlen und vom Kammerjuwelier zu einem kostbaren Trinkgefäß umarbeiten. Er war der festen Überzeugung, dass sein Zauberbecher im Ernstfall schädliche Substanzen unwirksam machen und ihm damit das Leben retten würde.

Auf seinem Hof in Prag scharte der Regent neben Künstlern und Weisen auch Wahrsager, Astrologen und Alchimisten um sich und besaß ein eigenes Labor für spiritistische Experimente. Unter den Magiern befanden sich bekannte Gestalten wie Dr. John Dee, der in Hochadelskreisen mit Séancen, Spiegelillusionen und Transmutationen für Furore sorgte. Der Star des Paranormalen hatte zuvor schon Rudolfs Vater, Maximilian II., zur Krönung die mystische Abhandlung „Monas Hieroglyphica" gewidmet – weil der dieselben Zahlen mit derselben

Quersumme in seinem Geburtsdatum aufwies, wie er selbst, und der Magier das für keinen Zufall hielt (Dee: 13. Juli 1527, Maximilian: 31. Juli 1527). Bei dem hermetischen Werk handelte es sich um die kabbalistische Interpretation eines geheimen Zeichens, mit dessen Hilfe angeblich die Welt beherrscht werden kann.

John Dee war neben seiner Beschäftigung auf Rudolfs Hof in Prag auch noch als Agent tätig. Er soll sogar intensiv am Aufbau des englischen Geheimdienstes im 16. Jahrhundert mitgewirkt haben. Seine Berichte, die nur für die Augen von Königin Elisabeth bestimmt waren, unterzeichnete er mit zwei Kreisen über die eine Sieben gezogen war: 007 (die beiden Nullen standen für die Augen der Monarchin, die Sieben galt als Dees persönliche Lieblingszahl und diente als geheimer Code). Der britische Autor der James-Bond-Romane, Ian Fleming, selbst zeitweise Spion für den Marine-Nachrichtendienst, kannte diese Signatur und gab sie seinem Romanhelden, wodurch 007 unsterblich wurde.

Ebenso am Hof von Rudolf II. beschäftigt war Edward Kelly, der für den Regenten Metalle in Gold verwandeln sollte – als sämtliche Versuche scheiterten, wurde er inhaftiert. Zugleich betätigte er sich als Medium für Dr. John Dee, mit dem er gemeinsam auf Friedhöfen Tote beschwor und über magische Spiegel mit Engeln kommunizierte.

Der Monarch zeigte sich fasziniert von den schmalen Grenzen, die naturwissenschaftliche Experimente von den geheimwissenschaftlichen Mysterien, und diese wiederum vom okkulten Hokuspokus trennten. Er war voller Neugierde, staunte und zweifelte gleichzeitig. Doch schon bald verlor er ein wenig die Realität aus den Augen und suchte mehr und mehr Zuflucht bei esoterischen Studien und alchimistischen Experimenten.

Nachdem er sich vom Schöpfer des Prager Golem (ein von Weisen mittels Buchstabenmystik aus Lehm geformtes Wesen) Rabbi Judah Löw in die Geheimnisse der jüdischen Mystik hatte einweihen lassen, ging schon bald das Gerücht um, Rudolf II. wäre von Dämonen besessen. Als Indiz für diese Behauptungen galt der Umstand, dass er kurz vor seinem Tod priesterlichen Beistand ablehnte und sich mit seinem Bezoar zu heilen versuchte. In seinem Nachlass befand sich ein geheimnisvolles Buch, das erst im Jahr 1912 von einem Antiquar in einem italienischen Jesuitenkolleg wiedergefunden wurde. Angeblich hatte der Kaiser dafür 600 Dukaten bezahlt, weil er es für das Werk des englischen Mönchs, Philosophen und „Doctor Mirabilis" Roger Bacon hielt, das mittels chiffriertem Text zum Stein der Weisen führen sollte. Bis heute ist es nicht gelungen, den Code zu knacken.

Doch zurück zum Saphir von Rudolfs Hauskrone, an dessen Zauberkraft auch Franz I. Stephan, der spiritistisch veranlagte Gatte der bodenständigen Maria Theresia, glaubte. Er ließ den Edelstein in das Deckengemälde im barocken Pavillon, der sich im historischen Zentrum des Tiergartens Schönbrunn befindet, integrieren. Das Kernstück der einstigen Menagerie (Vorläufer des Zoos) offenbart noch viele weitere Hinweise auf den Magieglauben des Kaisers aus Lothringen, der sich auch mit Zahlenmystik befasste. Er ließ den Bau Mitte des 18. Jahrhunderts als Achteck errichten (die Zahl 8 stellt ein Symbol für die Ewigkeit dar); im Keller hatte er sich ein alchimistisches Geheimlabor eingerichtet, während ebenerdig gespeist wurde, auf dem Dach befand sich eine Sternwarte zur Beobachtung des Weltalls und Erkundung eventuellen außerirdischen Lebens.

Die Menagerie selbst hatte zwölf Logen, die Dreiteilung an deren äußersten Rändern entspricht den drei Dekaden jedes Tierkreiszeichens. Franz I. Stephan ließ aber noch eine 13. Abteilung errichten, die für den Menschen gedacht war. Hier steht das Gebäude, in dem sich heute die Direktion des Tiergartens befindet. Nimmt man nun den Plan der Menagerie und verlängert die Seitenbegrenzung dieser 13. Loge bis zur Mitte hin, so treffen sich die Linien im Zentrum des Pavillons. Unter ihm kreuzen zwölf unterirdische Wasserläufe, vom Glorietteberg kommend, noch tiefer fließende Wasseradern. Die Schutzmauer um die Menagerie mit dem Pavillon in der Mitte weist in der Astrologie außerdem auf das Zeichen Sonne hin.

Und die spielt auch bei folgender Tatsache eine Rolle: Der Kaiser ließ das achteckige Bauwerk einerseits zu Ehren seiner zoologischen Sammlung, andererseits aus Liebe zu seiner Gattin an einer exakt von ihm berechneten Stelle platzieren. Zwei Mal im Jahr, am 13. Mai, dem Geburtstag von Maria Theresia, und am 31. Juli, dem Eröffnungstag der Menagerie, sendet die Morgensonne um genau 5.54 Uhr (Geburtsstunde und -minute Maria Theresias) ihre Strahlen dic Allee entlang über den vergoldeten Doppeladler am Dach des Schlosses und danach durch die Mittelfenster des Bauwerks, das daraufhin etwa zehn Minuten lang in einem hellen gelben Licht gleißt (im Innenraum befinden sich acht Spiegel, die das üppige Gold der Innenausstattung und die Sonnenstrahlen reflektieren). Der Pavillon gilt somit als „zauberhaftester" Liebesbeweis in der Habsburgermonarchie.

Irgendwann jedoch wurde auch die ansonsten nüchterne Landesmutter Maria Theresia in Sachen Okkultismus aktiv, nämlich zu dem Zeitpunkt, als sie Österreich von Vampiren bedroht sah. Es hieß, es drohe unter Umständen, von Mähren kommend, eine Invasion. Sie schickte ihren Leibarzt Gerard van Swieten im Jahr 1755 nach Tschechien, um vor Ort eine Blutsauger-Plage zu untersuchen, welche die Bewohner dort in Angst und Schrecken versetzte. Kaum am Ziel angekommen, wurde dem gebildeten Mediziner rasch klar, dass es sich bei den Verstorbenen keineswegs um Untote handelte. Die Verwesung der Leichen hatte sich aufgrund von Sauerstoffmangel und Gärungsprozessen verlangsamt und ungewöhnliche chemische Prozesse in Gang gesetzt, die ziemlich gruselig gewirkt haben müssen. Nachdem der umsichtige Arzt Meldung an seine Majestät erstattet hatte, verbot Maria Theresia umgehend sämtliche Anti-Vampir-Maßnahmen im In- und Ausland, wie etwa das Pfählen der Toten. Der – zur Zeit seines Wirkens – moderne Mediziner von Swieten diente Bram Stoker als Vorbild für den Vampirjäger Van Helsing in „Dracula".

Ebenfalls von der Magie der Zahlen fasziniert war Maria Theresias Sohn, Kaiser Joseph II., praktisch wurde diese von ihm am bereits erwähnten Narrenturm angewandt.

Bei dem schmucklosen fünfstöckigen Bau handelt es sich um eine ehemalige „Irrenanstalt", in die man einst „Tollende, Rasende und Unreine" in engen Zellen zusammenpferchte und an ihnen herumexperimentierte. Die runde Konstruktion, im Volksmund wegen ihrer Form auch „Gugelhupf" genannt, erfolgte nach einem mystischen mathematischen System, geprägt von Einflüssen aus Alchemie, Kabbala und Freimaurersymbolik. In dem „Tollhaus zu Wien" befanden sich 139 an runden Korridoren aufgefädelte Zellen, in die 1784 die ersten *Unsinnigen, Wahn- und Aberwitzigen, Wahnsinnigen, Tobenden, Rasenden, Halluzinierenden, Melancholischen, Säufer, Unreinen, Krätzigen, etc.* einzogen.

Die Intention von Joseph II. bei der Errichtung des Narrenturms war, eine Art Gesundungsmaschinerie zu entwerfen. Diese sollte durch eine geheimnisvolle Verbindung zwischen Mikro- und Makrokosmos heilende Prozesse in Gang setzen. Als Universalmittel galt dafür die Zahl, welche eine spirituelle Energie erzeugen würde, die zur Genesung der Insassen führte – davon war der Kaiser jedenfalls überzeugt.

Ein weiterer Habsburger, der an übersinnliche Phänomene glaubte, war der Enkel des Kaiserpaars Franz I. Stephan und Maria Theresia, Erzherzog Johann, – er interessierte sich für Geistererscheinungen. Im steirischen Bezirk Voitsberg steht der Münichhof, ein altes Landhaus, in dem es im Jahr 1817 heftig gespukt hat. Interessanterweise befindet er sich im Geisttal, dessen Name sich aus dem Keltischen herleiten lässt und so viel wie „Ort mit außergewöhnlicher spiritueller Kraft" bedeutet. Im 12. Jahrhundert hieß die Gegend daher auch „valle spiritus sancti".

Jedenfalls hatten mehrere Zeugen diese paranormalen Aktivitäten im Landhaus miterlebt: Es flogen Dinge durch die Luft, Laden öffneten sich von alleine, und es wurde von unsichtbarer Hand an Wände geklopft. Als nun Erzherzog Johann im Jahr 1829 erstmals dort zu Gast war, wurde er über die seltsamen Vorkommnisse informiert. Er ließ umgehend eine Séance mit einem Medium aus dem Ort veranstalten, in der jedoch nichts Außergewöhnliches passierte. Der Habsburger setzte daraufhin eine Kommission ein, die den merkwürdigen Ereignissen auf den Grund gehen sollte, doch auch sie konnte kein Licht ins Dunkel bringen. Bei seinem nächsten Besuch am Münichhof im Jahr 1851 fragte er nach dem Spuk, doch die neuen Hausbewohner gaben ihrem adeligen Gast keine Auskunft darüber und verharmlosten auch die Ereignisse aus dem Jahr 1817. Mit dieser Auskunft musste sich geisterinteressierte Erzherzog Johann schließlich zufriedengeben.

An paranormale Aktivitäten im Allgemeinen sowie an herumspukende Seelen Verstorbener im Besonderen glaubten auch Kaiserin Elisabeth und Kronprinz Rudolf – wobei der Sohn weitaus skeptischer und misstrauischer Spiritisten gegenüber war als die Mutter.

Sisi war beispielsweise davon überzeugt, dass sich jedem sterbenden Mitglied ihrer Familie ein Ahnherr aus einem Bild der Galerie oder eine schwarze Frau näherte. Aus Angst vor Spukerscheinungen betrat sie nach Einbruch der Dunkelheit niemals ohne Begleitung lange Gänge oder ihr unbekannte Räume und fürchtete sich ganz generell im Finsteren vor Geistern. Andererseits war sie sehr an okkulten Phänomenen interessiert, glaubte an ein Leben nach dem Tod und nahm an Séancen teil, die im 19. Jahrhundert gerade in Mode kamen. Die Kaiserin galt auch als extrem abergläubisch, sah Omen in alltäglichen Begebenheiten und sagte von sich selbst, dass sie „Ahnungen" hätte – darüber berichtete Sisis Nichte und Vertraute Marie Louise von Larisch-Wallersee in ihren Aufzeichnungen „Meine Vergangenheit – Kaiserin Elisabeth und ich". Sie schrieb außerdem: *„Ich weiß, man hält mich für verrückt", sagte sie* (ihre Tante) *einmal lächelnd zu mir. Aber dieses Lächeln war unendlich traurig,*

Zur Abwehr des „Bösen" trug Elisabeth stets eine Unmenge an Glücksbringern und Amuletten bei sich, mied schwarze Katzen und die Blicke von Raben (die nach altem Volksglauben den Empfänger ins Unglück stürzten). Sie legte sich außerdem vor jeder Unternehmung die Karten, „hexte" mit heidnischen Ritualen und vollführte Voodoo-Zaubereien.

Die Kaiserin meinte auch, die Gabe zu besitzen, außerhalb der spiritistischen Sitzungen Kontakte ins Reich der Toten aufnehmen und jederzeit mit Wesen aus dem Jenseits Gespräche führen zu können. So stieg sie etwa wenige Tage nach der Beisetzung ihres Sohnes, der sich im Jahr 1889 auf seinem Jagdschloss in Mayerling erschossen hatte, in die Kapuzinergruft hinunter, um mehr über die Hintergründe seines Ablebens zu erfahren. Sie sagte: „Mir gewährt es eine große Befriedigung, dass ich mit jenseitigen Geistern in Verbindung treten kann."

In den 1880er-Jahren behauptete Sisi, der Dichter Heinrich Heine führte ihre Hand aus dem Jenseits, wenn sie ihre Gedanken in ihrem Tagebuch niederschrieb oder Gedichte verfasste (von welchen sie mehrere Abschriften anfertigen ließ, um sie der Nachwelt zu erhalten, und mit einem Brief „An die Zukunfts-Seele" ergänzte). Sie hegte sogar romantische Gefühle für den verstorbenen Künstler, schrieb erotische Oden an ihn und sprach von einer „Seelenvermengung". Die Kaiserin wollte zeitweise sogar sterben, um sich dem verblichenen Poeten vollständig hingeben zu können – nur die Angst vor dem Schmerz beim Dahinscheiden und die Sorge, dass das Totenreich womöglich nicht ihren Vorstellungen entsprach, hielten sie vom Selbstmord ab. Ebenso meinte Elisabeth, mit ihrem Freund Ludwig II. von Bayern in überirdischer Verbindung zu stehen. Der König war 1886 unter ungeklärten Umständen nachts im Starnberger See ertrunken.

Sisi litt an einer Überempfindlichkeit der Sinne, weshalb sie auf bestimmte Eindrücke stärker reagierte als andere Menschen. Es liegt also im Bereich des Möglichen, dass diese Tatsache, in Kombination mit Elisabeths lebhafter Fantasie, ihre Vorstellungen von Kontakten mit feinstofflichen Energien auslöste. Unter Umständen trug auch noch die Strenge am Wiener Hof und ihrer Schwiegermutter Erzherzogin Sophie, zu dieser Flucht aus der Wirklichkeit bei, und Sisi, die zuvor in der fröhlichen Familienatmosphäre der Wittelsbacher in Bayern aufgewachsen war, entzog sich diesem Reglement zuerst geistig, bevor sie es wagte, auch tatsächlich zu entfliehen und auf Reisen zu gehen.

Und es gibt auch noch einen Fluch, der unter Umständen die Unglücksfälle erklärt, die sich ab der Mitte des 19. Jahrhunderts im Haus Habsburg zu häufen schienen: Im September 1849 ließ der damals noch junge Kaiser Franz Joseph I. einen gewissen Graf Lajos Batthyány, den ersten Ministerpräsidenten des Königreichs Ungarn, während der Separationsbestrebungen Ungarns verhaften. Obwohl der Inhaftierte stets um Frieden bemüht war, verkündete Franz Joseph auf massives Betreiben des Feldherrn Julius Jakob Freiherr von Haynau das Hinrichtungsurteil von Batthyány sowie von weiteren 13 Generälen, die später als „Märtyrer von Arad" in die Geschichte eingingen. Im Vertrauen auf den Gerechtigkeitssinn des österreichischen Monarchen nahm der Ministerpräsident bis zuletzt keine Möglichkeit zur Flucht wahr, vereitelte sogar einen Befreiungsversuch seitens der Bevölkerung beim Transport in den Kerker.

Als die Begnadigung jedoch ausblieb, versuchte er sich mit einem Dolch, den seine Ehefrau ins Gefängnis geschmuggelt hatte, die Halsschlagader aufzuschneiden, um ehrenvoll in den Tod zu gehen. Der Selbstmordversuch misslang jedoch – Graf Lajos Batthyány wurde am 6. Oktober 1849 schwer verletzt vor das Erschießungskommando geschleppt und trotz massiver Proteste im In- und Ausland erschossen.

Die Mutter des vom österreichischen Kaiserhaus Ermordeten, Borbála Skerlecz de Lomnicza, sprach nach Ablehnung des Gnadengesuchs für ihren Sohn folgende Worte in Gegenwart Kaiser Franz Josephs aus: „Himmel und Hölle solle sein Glück vernichten, sein Geschlecht soll vom Erdboden verschwinden, und er selbst soll heimgesucht werden in den Personen derer, die er liebt! Sein Leben sei der Zerstörung geweiht und seine Kinder sollen elend zugrunde gehen!"

Kaiser Franz Joseph glaubte als nüchterner Bürokrat nicht an Verwünschungen oder andere paranormale Vorkommnisse, sein Sohn Rudolf jedoch war vom Paranormalen fasziniert, ohne dabei so ängstlich, unkritisch und leichtgläubig zu sein wie seine Mutter.

Der Okkultismus schlug in jener Zeit Millionen Menschen in seinen Bann, die Bevölkerung traf sich in Hinterzimmern von Gaststuben und Cafés, die Aristokraten in den Räumlichkeiten nobler Adelspalais', um Séancen und Geisterbeschwörungen durchzuführen. Mit der Arglosigkeit der an Spiritismus Interessierten konnte man damals gutes Geld verdienen und sich Zugang zu den höchsten Kreisen Europas verschaffen.

Rudolf war stets interessiert, aber vor allem Spuk gegenüber skeptisch, hatte er doch hart daran arbeiten müssen, die Angst vor Geistern loszuwerden. Als sensibler kleiner Junge, traumatisiert durch die vom Vater veranlasste strenge militärische Erziehung, war er von der Furcht vor Geistern geplagt worden und laut seinem Lehrer bereits bei dem Wort „umbrae" (lat. für Schatten, Geister) zusammengezuckt. Doch der intelligente und naturwissenschaftlich gebildete junge Mann befreite sich mit der Zeit vom „blinden Glauben" und beschloss, gegen die Betrüger im Bereich Spiritismus vorzugehen. Zusammen mit Erzherzog Johann Salvator fasste er den Plan, eines der damals berühmtesten Medien als Hochstapler und Betrüger zu entlarven. Es handelte sich dabei um den Amerikaner Harry Bastian, der als „zweiter Cagliostro" galt und behauptete, im Zuge von sogenannten „Materialisierungssitzungen" Kontakt zur „vierten Dimension" und damit zur Welt der Seelen von Verstorbenen herstellen zu können. Seine zahlreiche und ebenso zahlungswillige Kundschaft glaubte nur allzu gerne, mithilfe des „Meisters" mit den toten Angehörigen kommunizieren zu können.

Die beiden jungen Männer suchten einen weiteren Verbündeten, der sich mit der Materie auskannte, und fanden den österreichischen Zauberkünstler George Homes. Der Illusionist, der selbst aufwendige Shows mit schwebenden Gegenständen und Kunststücken wie Gedankenlesen veranstaltete, wusste bestens Bescheid über die ausgeklügelten und raffinierten Tricks, derer sich die spiritistischen Medien bedienten, – etwa versteckte Telefonkabel oder Sprechcodes.

Schließlich wurde im Februar 1884 in der Privatwohnung Johann Salvators in der Wollzeile die Séance abgehalten, mit der man Harry Bastian bloßstellen wollte – Gäste bzw. Zeugen waren unter anderen Baron Hellenbach, selbst ein großer Fan des selbsternannten Mediums, Fürst Batthyány (ein Nachfahre des von Kaiser Franz Joseph hingerichteten Lajos), Baron Schleußnigg und Oberstleutnant Mentzhenger. Die Herren saßen in einem abgedunkelten Zimmer und hielten sich an den Händen, während sich Harry Bastian im Kabinett nebenan in Trance versetzen wollte, um in Kontakt mit den Verstorbenen zu treten. Kurz darauf schwebten verschiedenste Dinge über den Köpfen der Teilnehmer, die außerdem immer wieder kurz von eiskalten Händen berührt wurden. Danach erschien vor einem schwarzen Vorhang im schwachen Kerzenschein eine diffuse weiße Gestalt. Da erhob sich Kronprinz Rudolf, während Johann Salvator ruckartig an einer von ihm entdeckten verborgenen Schnur hinter seinem Stuhl zog. Dadurch fiel die Verbindungstür zum Kabinett, die sich hinter dem Vorhang befand, zu und der „Geist“ war gefangen, der sich als Mensch in dicken Socken entpuppte: Harry Bastian.

Rasch zog er sich den weißen Schleier vom Gesicht und stopfte ihn in seine Fracktasche. Gedemütigt packte er in Windeseile seine Sachen zusammen und verschwand, froh, nicht der Polizei ausgeliefert zu werden.

Eine weitere Habsburgerin, die aus tiefstem Herzen an Spuk glaubte, war Kaiserin Zita, die Gatten von Karl I., der Österreich als letzter Monarch regierte. Das Ehepaar wohnte von 1912 bis 1914 vorübergehend im Schloss Hetzendorf, ließ dafür in dem Gebäude Strom und Telefon einleiten und eine neue Heizung installieren. Kaum waren die

Arbeiten beendet, brach der Erste Weltkrieg aus und Karl musste als Thronfolger mit der Familie nach Schönbrunn übersiedeln.

Aus der Zeit ihres Aufenthalts im Schloss Hetzendorf sind einige schriftliche Aufzeichnungen von Zita erhalten, die belegen, dass die Erzherzogin einige paranormale Erlebnisse in dem Gebäude hatte, obwohl sie sich anfänglich begeistert von dem Anwesen zeigte – mit Ausnahme eines Zimmers:

Im Januar 1913 bezogen Carl und ich mit dem damals 2 Monate alten Otto (Otto von Habsburg, gest. 2011) *Schloß Hetzendorf. Das Schloß ist wunderschön gelegen, es gibt keinen Mißton in Stil oder in der Einrichtung, es verfügt auch über alle modernen Einrichtungen und Bequemlichkeiten. Dieses Zimmer* (es handelte sich um das Gästezimmer) *hätte ich nicht gerne, hier spukt es womöglich.*

Im Herbst 1913 hielt sich Zitas Bruder, Sixtus von Bourbon-Parma, in Schloss Hetzendorf auf:

Aus irgendeinem Grund konnte er in dem ihm zugewiesenen Gästezimmer nicht schlafen. Und wenn er einmal einschliefe, dann wachte er mit einem Schlag auf und hatte dabei das Gefühl, daß ihn jemand beobachte. Sixte hatte uns damals allerdings nicht erzählt, daß es in den Nächten im Gästezimmer „spektakle", rauschte und eine Menge anderer Geräusche gegeben hat.

Auch Zitas Schwester Antonia wohnte 1913 ein paar Wochen im Gästezimmer. Diese berichtete: *Türen wurden geschlagen, überall war Rauschen und Seufzen zu hören.*

Auch Zita selbst vernahm schon bald nachts immer wieder lautes Poltern auf den Gängen, Schritte und Stampfen in den Zimmern oder Rufe ihres Namens, obwohl alle anderen Bewohner des Schlosses fest schliefen.

Weiter schrieb sie über einen Besuch im hauseigenen Oratorium:

Kaum war ich im Oratorium angelangt, hörte ich unter mir in der Kapelle Rosenkranz-Beten. Dann rief ich etwas lauter und noch einmal, bekam aber wieder keine Antwort. Ich betete weiter, als plötzlich auch wieder der Rosenkranz unter mir zu raspeln begann. Die Beterin seufzte und schnorchelte ihre Tränen herauf.

Auf Zitas Nachfrage beteuerten alle im Schloss Anwesenden, sich zur betreffenden Zeit nicht in der Kapelle aufgehalten zu haben, außerdem war die Türe von außen fest verschlossen. Und auch später, als „Fräulein Löw", die Wirtschafterin des späteren Kaiserpaars, aufgrund dieses Ereignisses die Kapelle immer sorgfältig verschloss, tauchte die mysteriöse Besucherin immer wieder auf, wie Zita festhielt:

Trotzdem konnte man abends vom Oratorium aus stets das Seufzen der armen „Schnurchlerin" hören, ich frage mich oft, ob sie heute noch seufzt? Und ob sein böser Nachbar noch immer durch die Zimmer stampft.

Die letzte Kaiserin Österreichs behauptete außerdem, mit dem zu jenem Zeitpunkt bereits verstorbenen Kronprinzen Rudolf in Verbindung zu stehen, der ihr angeblich als Geist den wahren Hergang seines Ablebens auf Schloss Mayerling geschildert hatte: Der Kronprinz war an dem durchgesickerten Plan eines Putschversuchs gegen seinen Vater beteiligt, woraufhin man zwei Offiziere nach Mayerling geschickt und mit dem Mord an dem rebellischen Thronfolger beauftragt hatte. Mary stellte laut Zita lediglich einen in den Augen der Geheimpolizei notwendigen „Kollateralschaden" dar.

Die Witwe von Karl I. stellte das Herz ihres Gatten nach dessen Ableben im Jahr 1922 in einem Metallbehältnis auf ihren Nachtschrank, um seinen Geist heraufzubeschwören und sich mit ihm auch nach seinem Tod unterhalten zu können. Über einige Umwege gelangte das Organ erst 1971 in die Gruft seiner Vorfahren hinter dem Altar in der Lorettokapelle im Schweizer Kloster Muri. Ob die Kommunikation zwischen Karl und seiner Witwe geklappt hat, ist nicht überliefert.

Als der Sarg des letzten österreichischen Monarchen 1972 geöffnet wurde, um den Zustand der sterblichen Überreste zu kontrollieren, fand man den Leichnam in einem bemerkenswert gut erhaltenen Zustand vor – und das, obwohl der Körper nur schlampig einbalsamiert worden war und durch ein zerbrochenes Fenster im Sarg Luft hatte eindringen können. Aus diesem Grund wurde Karl I. im Jahr 2004 von der katholischen Kirche seliggesprochen, sein Körper „zerlegt" und zahlreiche Reliquien an diversen Stellen deponiert. So besitzt beispielsweise die Frauenkirche in Baden ein winziges Stück vom Handwurzelknochen des Kaisers. Und letztlich ist diese kultische Verehrung im Zusammenhang mit wundersamen Vorkommnissen nichts anderes als der Glaube an Magie.

Wahnsinn und Wahn

Heute ist Wahnsinn als Bezeichnung wenig gebräuchlich und wird meist nur umgangssprachlich abwertend – oder bewundernd – für eine Verrücktheit oder Unvernunft abseits der gesellschaftlichen Konventionen verwendet. Der Wahn als psychopathologisches Symptom in Form einer diagnostizierten Denkstörung ist als die bereits krankhafte Spitze leidenschaftlicher Obsession oder lebhafter Fantasie zu bezeichnen.

Früher kam es allerdings vor, dass auch Andersdenkende, darunter kluge Köpfe, innovative Erfinder oder forsche Entdecker, wenn schon nicht als Ketzer hingerichtet, so doch zumindest als „Wahnsinnige" weggesperrt wurden. Viele dieser „Irren" dürften oft auch nur schrullig gewesen sein, doch auf ausgeprägte Individualität nahm in jenen Zeiten niemand Rücksicht. Von der sozialen Norm abweichende Verhaltens- und Denkmuster waren nicht erwünscht.

Natürlich landeten nur jene im „Tollhaus", die keinen adeligen Stammbaum vorweisen konnten. Personen mit einem „von" im Namen wurden verschont und milde „Trotterl" genannt. Dabei gab es gerade unter den „edlen Leuten" eine Häufung von zumindest „geistiger Armut" – die Folge jahrelanger Verheiratung Verwandter und der damit einhergehenden Vervielfachung von genetischen Defekten. Inzucht wirkte sich nicht nur auf das Äußere der Betroffenen sowie auf deren Gesundheit und Lebenserwartung aus, sondern auch auf ihre Intelligenz.

Wer in das Haus Habsburg einheiraten wollte, musste vorab seine „Hoffähigkeit" unter Beweis stellen und die sogenannte „Ahnenprobe" bestehen: Vier Generationen zurück, also bis zu den Ur-Urgroßeltern, mussten alle Verwandten Adelige sein. Da es aber nicht so viele Aristokraten gab, die eine komplett andere blaublütige Linie vorweisen konnten, heirateten häufig Cousins ihre Cousinen ersten Grades oder Onkel die Nichten, nur die Geschwisterehe war verboten. Die Dynastie hatte allerdings eine hohe Kindersterblichkeit zu beklagen. Die Hälfte aller jemals zur Welt gekommenen Habsburger wurde nicht älter als ein Jahr.

Thronfolger Franz Ferdinand brachte es mit seiner Meinung zur habsburgischen Heiratspolitik auf den Punkt: „Wenn unsereiner jemanden gerne hat, findet sich im Stammbaum sicher eine Kleinigkeit, die die Ehe verbietet. Und so kommt es, dass bei uns immer Mann und Frau zwanzigmal miteinander verwandt sind. Das Resultat ist, dass von den Kindern die Hälfte Trottel oder Epileptiker sind."

Und auch die Kirche spielte mit: Hatte sie früher die Verehelichung unter Verwandten grundsätzlich verboten und Verstöße sogar mit Bann geahndet, wurde dem Hochadel durch das Konzil von Trient eine Ehe bis zum zweiten Verwandtschaftsgrad erlaubt. Die Päpste machten sich damit zu Erfüllungsgehilfen des dynastischen Hochzeitsschachers.

Unter den Habsburgern herrschte eine enorme Bandbreite an geistiger Leistungsfähigkeit von intelligent über schlicht im Gemüt bis hin zu geistesgestört. Und dazwischen wimmelte es von weltfremden Träumern, unfähigen Egomanen und desinteressierten Melancholikern.

Angefangen hat es im 16. Jahrhundert mit Königin Johanna von Kastilien, schon bald genannt „Juana la Loca" (span. für „Johanna die Wahnsinnige"). Sie heiratete Philipp I. „den Schönen" von Spanien, einen blondgelockten, blauäugigen Charmeur. Der Habsburger Philipp verfügte zum Zeitpunkt der anstehenden Hochzeit bereits über jede Menge Erfahrung, hatte er doch bereits unzählige amouröse Abenteuer erlebt – vorzugsweise mit Dirnen, Dienstmädchen und verheirateten Frauen. Die keusche Johanna zeigte sich über das ausschweifende Liebesleben ihres Zukünftigen anfangs abgestoßen, im Laufe der Vorbereitungen auf das Zusammentreffen aber zunehmend fasziniert.

Als sie ihm beim ersten Kennenlernen in der belgischen Stadt Lier in die blitzenden Augen blickte, verlor sie regelrecht den Boden unter den Füßen. Die junge Kastilianerin, ein zartes Wesen mit blassem Teint und rotblondem Haar, sah sogar über die schlechten Zähne und verrenkten Kniescheiben ihres Bräutigams hinweg und wollte so rasch wie möglich seine Gemahlin werden. Der anwesende Priester musste auf Philipps Befehl hin eine Blitztrauung vornehmen, danach verschwanden die beiden jungen Leute im Laufschritt in dem für ihre

Hochzeitsnacht vorbereiteten Palastzimmer, wo sie regelrecht übereinander hergefallen sein sollen. „Ganz der Herr Papa", werden die Anwesenden wohl getuschelt haben, denn auch Maximilian I. war als fescher Mann ein Liebling der Damen. Für Johanna begann mit dieser Verbindung eine Liebesraserei, die sie um den Verstand bringen sollte.

Anfänglich waren die beiden Eheleute verrückt nacheinander, doch als sich Philipp nach einiger Zeit hin und wieder anderen weiblichen Wesen zuwandte, wenn auch nur mit einigen netten Worten, drehte seine Gattin fast durch vor Eifersucht – ihre frühere Schüchternheit und Zurückhaltung war rauschhafter Leidenschaft und Besitzgier gewichen. Das ging so weit, dass sie Philipp auf Schritt und Tritt verfolgte und nur entstellte Dienstmädchen beschäftigte.

Er schaffte es trotzdem, seine Ehefrau, die gerade ihr viertes Kind geboren hatte, mit einer Niederländerin zu betrügen. Die beiden wurden von Johanna beim Geplänkel im Garten erwischt, woraufhin die Geliebte einen Liebesbrief von Philipp zerriss und verschluckte. Die Königin attackierte die Nebenbuhlerin in „rage d'amour" mit einer Schere, schnitt ihr das lange Haar ab und versuchte, ihr die Augen auszukratzen. Der untreue Ehemann konnte gerade noch das Schlimmste verhindern und sperrte seine Gemahlin daraufhin tagelang ein, um sie zur Vernunft zu bringen. Johanna tobte und schrie hinter den verschlossenen Türen, verweigerte die Nahrungsaufnahme, wusch sich nicht mehr und schlief auf dem Boden – diese Form des Protests hatte sie sich bereits als Kind angewöhnt und sollte sie zukünftig noch häufiger anwenden.

Damals zeigten sich auch erste Anzeichen einer psychischen Erkrankung bei Johanna, vermutlich litt sie an einer chronischen Schizophrenie. Endgültig verabschiedet hat sich ihr Verstand, als ihr geliebter Philipp im September 1506 nach einer kurzen Fieberinfektion, die mit Blut spucken, Durchfall, geschwollener Kehle und schwarzen Flecken am gesamten Körper einherging, im noch jungen Alter von 28 Jahren „wie eine Blüte dahingerafft" wurde.

Die vor Schmerz tagelang schreiende Witwe, zu jenem Zeitpunkt das sechste Mal schwanger, weigerte sich, den Leichnam ihres Gatten zur Bestattung freizugeben. Später zog sie gramgebeugt durchs Land, den Sarg mit der Leiche ihres Gatten an einem Tau hinter sich her schleifend, und behauptete, Philipp würde nur schlafen. Hin und wieder öffnete sie die Holztruhe und küsste ihren Geliebten auf die bleichen, kalten Lippen. Die Männer der royalen Garde wurden dabei stets von Übelkeit geplagt, da der Tote natürlich „nit nach civet" („nicht nach Parfum") roch – auch wenn Philipp nach seinem Ableben die Organe entnommen worden waren und man dem Körper „die Säfte ausgepresst" und ihn mit Gewürzen gefüllt hatte. Während sich die Kaiserin ausruhte, mussten ihre bewaffneten Begleiter dafür sorgen, dass keine Frau dem Sarg zu nahe kam.

Die meiste Zeit über im Wahn, überlebte Johanna ihren Gemahl um 48 Jahre, heiratete jedoch kein zweites Mal. Sie ruht heute an der Seite ihres geliebten Mannes, damit sie ihn selbst im Tod nicht aus den Augen lassen muss, in der Capilla Real, der Kathedrale von Granada in Spanien.

Der zweite in der Reihe der „Verrückten" war Karl, genannt „Don Carlos", der Sohn von Philipp II. (und damit Urenkel von Philipp I.) und dessen erster Gattin Maria von Portugal. Bei den Eltern handelte es sich um Cousin und Cousine, sowohl von mütterlicher als auch von väterlicher Seite.

Als der dümmliche Don Carlos, der aufgrund der habsburgischen „Genlotterie" auch mit einem Buckel und verkürztem Bein entstellt war, im Alter von 17 Jahren sturzbetrunken eine Treppe hinunterfiel, erblindete er zeitweise und es wurde immer wieder behauptet, er sei geistesgestört gewesen. Ihm wurde im Rahmen einer grauenvollen Operation die Schädeldecke aufgebohrt, um ihn von den „giftigen Dämpfen" zu befreien, was im Anschluss zu weiterem Kontrollverlust führte. Philipp II. ließ dem jungen Mann daraufhin auf Anraten eines „Wunderheilers" zwecks Besserung seines Zustands für einige Tage ein Skelett ins Bett legen – natürlich ohne Erfolg.

Nachdem Don Carlos geheime Verhandlungen seines Vaters mit Wilhelm von Oranien torpediert hatte und ihm sein Vater daraufhin aufgrund von „infantilem Verhalten und geistiger Abnormität" das Ministeramt entzog, tötete der junge Mann aus Rache dessen Lieblingspferd. Im Anschluss wollte er in die Niederlande fliehen, aber das Familienoberhaupt ließ ihn im Jahr 1568 gefangen nehmen und einen Hochverratsprozess gegen seinen eigenen Sohn führen. Don Carlos äußerte bei seiner Verhaftung, dass er nicht verrückt sei, sondern nur verzweifelt, woran allein sein Vater die Schuld trage.

In einer Dachkammer eingesperrt, verschluckte der Verwirrte einen Diamantring mit der Absicht, sich umzubringen, was jedoch misslang. Danach trank er Unmengen an Eiswasser, was zu schweren Koliken und Fieberkrämpfen führte, an welchen er noch vor Beginn seines Prozesses im Alter von 23 Jahren verstarb. Sein letzter Wunsch, sich mit seinem Vater zu versöhnen, war ihm nicht erfüllt worden.

Am Habsburgerhof in Wien keimte daraufhin bei Kaiser Maximilian II. der Verdacht auf, Philipp II. hätte seinen Sohn ermorden lassen. Er wollte einen Sondergesandten schicken, der vor Ort ermitteln sollte. Doch daraus wurde nichts, der Kriminalfall mutierte zur Farce: Nach einer gründlichen Aussprache der beiden Männer verzichtete der Kaiser auf eine nähere Untersuchung der Todesumstände, weil er lieber zum Wohl der Monarchie seine Tochter Anna an den spanischen Cousin verschacherte. Die 22 Jahre jüngere Habsburgerin sollte den langersehnten Thronfolger gebären – acht Jahre danach kam Philipp III., der spätere König von Spanien, zur Welt. Aus Dankbarkeit durfte Maximilians Sohn Albrecht VII., bis zu seinem 40. Lebensjahr ein Diener Gottes, einige Jahre später Philipps Tochter Isabella Clara Eugenia vor den Traualtar führen.

Noch verrückter als die „Narreteien des geisteskranken Don Carlos" empfand es das Volk allerdings, wenn sich zwei Herrscher auf Kosten der Staatsführung gegenseitig in einem jahrelangen Streit das Leben schwer machten – wie das etwa bei Kaiser Rudolf II. und seinem Bruder Matthias der Fall war.

Rudolf war davor aber schon durch Skurrilität aufgefallen: Seine Sammlung von Kuriositäten und wertvollen Artefakten hatte den höchsten Stellenwert in seinem Leben eingenommen. Er verstand die Anhäufung der Objekte als Gesamtschau aller Künste und Wissenschaften der sichtbaren und unsichtbaren Welt, auf die er nur ausgewählte Gelehrte einen Blick werfen ließ. Der Monarch verbarg seine Schätze in unterirdischen Grüften und entfernte sich zunehmend von der Realität außerhalb seiner Palastanlage auf dem Prager Hradschin – vermutlich der kurioseste Hof Europas. Weil er sich auch für

Astrologie und Astronomie interessierte, lud er sogar den großen Astronomen Johannes Kepler in seine Residenz ein.

Doch nicht nur seine Sammelobjekte und die Sterne hatten es ihm angetan, sondern auch exotische Tiere. Aus der ganzen Welt importierte er Papageien, Strauße oder Affen und betrieb in der Burg eine Art Privatzoo. Er ließ dort sogar einen Löwen und einen Tiger frei herumlaufen, was für die Dienerschaft nicht ganz ungefährlich war. Wer beim Bettenmachen oder Servieren nicht aufpasste, musste damit rechnen, angefallen und gebissen zu werden. In der kaiserlichen Buchhaltung tauchten immer wieder hohe Beträge auf, die der Kaiser den Verletzten oder den Angehörigen tödlich Verwundeter bezahlen musste.

Rudolfs Zustand – Wahnhaftigkeit in Verbindung mit einer Störung der Urteilsfähigkeit – verschlimmerte sich im Laufe der Zeit zusehends, sodass er bald von seiner gesamten Familie für verrückt erklärt wurde. Ein toskanischer Diplomat notierte damals, der Kaiser habe *alles verdorben.* Er habe *sich in kunst- und naturwissenschaftliche Studien mit solchem Mangel an Mäßigung vertieft, dass er die Staatsgeschäfte vernachlässigte,* und sei nur noch *in den Labors von Alchimisten* anzutreffen gewesen.

Erzherzog Matthias, dem das „seltsame Treiben" seines Bruders schon lange Zeit ein Dorn im Auge gewesen war, entthronte Rudolf im Jahr 1606 inoffiziell mit dem Einverständnis anderer Familienmitglieder aufgrund seiner „Geisteskrankheit". Er übernahm Krone und Zepter und wurde nach Rudolfs Tod 1612 zum Kaiser gewählt. Zum Ärger seines Volks erwies er sich jedoch plötzlich als wenig aktiv, er zog die Gunst seiner Hofdamen dem Regieren vor. An der Gicht erkrankt, verstarb er im Jahr 1619, ohne je Ruhm und Ehre erlangt zu haben, obwohl er genau das seinem Bruder Rudolf ein Leben lang geneidet hatte.

Rudolf II. blieb unverheiratet, zeugte jedoch insgesamt sechs Kinder, vier mit seiner Geliebten Katharina Strade und zwei mit unbekannten Frauen. Sein ältester Sohn Julius d'Austria, auch Don Julius Caesar oder Don Julio genannt, erbte die psychische Erkrankung seines Vaters und musste vom ersten Tag seines Lebens an von Ärzten begleitet werden. Er war allerdings nicht so harmlos wie sein Vater: Der junge Mann warf 1608 im Alter von 22 Jahren seine Geliebte, die Tochter eines Baders, in einem Tobsuchtsanfall aus dem Fenster, was diese leicht verletzt überlebte. Die junge Frau kehrte zu Don Julio zurück, als der sie erpresste: Er hatte ihren Vater einsperren lassen und drohte damit, ihn zu erhängen. Ein paar Wochen später kam es zu einem großen Streit, woraufhin der Habsburger das Mädchen bestialisch ermordete und zerstückelte. Er schnitt ihr die Ohren ab, schälte ein Auge aus dem Kopf, stieß ihr die Zähne bis in den Rachen hinunter und spaltete ihre Schädeldecke so tief, dass das Hirn heraustrat. Nach dem drei Stunden dauernden Gemetzel rief er seine Wirtschafterin und einen Wärter, verband seinem Opfer die Augen und durchbohrte die Tote noch einmal mit seinem Degen. Anschließend befahl er, die Leiche in einem Leintuch hinauszutragen. Don Julio wurde nach der Tat von seinem Vater Rudolf II. auf Schloss Krumau im heutigen Tschechien eingekerkert, wo er total verwilderte und 1609 an einem Geschwür im Hals und in völliger geistiger Umnachtung verstarb.

Und dann gab es noch Karl II. aus Spanien, Carlos genannt, der 1665 bereits im Alter von vier Jahren den Thron bestieg. Aufgrund seiner geistigen Degeneration wurde er von der Bevölkerung „El Hechizado" (span. für „der Verhexte") genannt – kein Wunder, immerhin stammten sieben seiner acht Urgroßeltern von Johanna „der Wahnsinnigen" ab. Ihn kennzeichnete eine nahezu bizarre Hässlichkeit: Vorbiss und längliche Schädelform waren bei ihm fast zur Karikatur verstärkt, sein vorspringendes Unterkiefer kam praktisch vor ihm um die Ecke. Der junge Mann konnte kaum kauen und schlucken, ihm stand ein Leben lang ein Speicheltuchhalter zur Seite. Aufgrund unverkennbarer Infantilität und zwanghaftem Verhalten wurde er im Palast praktisch versteckt. Seine Erziehung geriet zur Mischung aus einschränkender Überbehütung und intensiver Dressur von Benimmregeln. Die royalen Geschäfte führte indessen sein Halbbruder Don Juan José in seinem Namen. Die den Aktivitäten gegensteuernde Mutter, die selbst gerne das Regierungszepter in der Hand gehalten hätte, ließ an ihrem Sohn magische Praktiken sowie kirchliche Exorzismen durchführen, die seine Bewusstseinsstörungen nur noch verschlimmerten. Auch medizinische Heilungsversuche brachten keine Besserung. Nach dem Tod des Bruders geriet Karl II. wieder unter den Einfluss der Mutter,

Maria Anna von Österreich, die mit ihrer zweiten Schwiegertochter, Maria Anna von Pfalz-Neuburg, im Dauerclinch lag. Der schwache Habsburger wurde zu einem reinen Statisten in diesem Machtkampf degradiert und verstarb bereits 39-jährig an den Folgen eines angeborenen Herzfehlers.

Ende des 18. Jahrhunderts ging der Wahnsinn weiter, da heiratete Kaiser Franz II./I. in zweiter Ehe Maria Theresa von Neapel-Sizilien, seine Cousine väterlicher- wie mütterlicherseits – sie hatten einen gemeinsamen Onkel, der geistig zurückgeblieben von einem Wärter in Neapel betreut wurde.

Und dann kamen zwölf Kinder zur Welt, einige davon wurden tot geboren oder starben früh, eine Tochter litt an Schwachsinn und lebte bis zu ihrem Tode mit einem Wächter in Schönbrunn. Er hatte zudem zwei Söhne, beide nicht die Schlauesten, von welchen einer die Kaiserkrone vom Vater erbte: Ferdinand I. Der zu jenem Zeitpunkt bereits 42-jährige Monarch besaß wenig von den Charakterzügen eines Herrschers von epochaler Wichtigkeit und regierte als Marionette seiner Berater.

Zeitgenossen beschrieben ihn als eine „rührende Gestalt von geistiger Bescheidenheit und herzenswarmer Güte", die den Zeitumständen, in die sie vom Schicksal hineingestellt wurde, nicht gewachsen war. Als Ferdinand noch ein kleiner Bub gewesen war, hatten die Herrscherhöfe Europas einhellig geurteilt: Sie berichteten von „seiner kleinen, hässlichen *vermuckerten* Gestalt und seinem großen Kopf ohne Ausdruck, als den der Dämlichkeit." Hinzu kam erschwerend, dass der Monarch mit der mangelnden Begabung zum Regieren zeugungsunfähig war und an regelmäßigen epileptischen Anfällen litt.

Ferdinand I. unterzeichnete während seiner Regentschaft kein einziges Todesurteil und begnadigte selbst Hauptmann Franz Reindl, der 1832 versucht hatte, ihn in Baden auf offener Straße zu erschießen. Er gewährte dessen Familie sogar eine finanzielle Unterstützung, während der Attentäter im Gefängnis saß. Als ihn sein Obersthofmeister für seine Milde rühmte, soll Ferdinand gesagt haben: „Loben Sie mich nicht – ich tu nur meine Schuldigkeit." Im Jahr 1837 weigerte er sich, einen 22-Jährigen hinrichten zu lassen, der die Dienstgeberin seiner Schwester umgebracht hatte, weil diese das Mädchen regelmäßig verprügelte. Der Monarch untersagte zudem auch jegliche Brutalität in den Gefängnissen gegenüber den Insassen, er wollte „dass man sie in den Kerkern möglichst nicht Ketten lege und von jeglicher Peinigung absehen möge." Und doch wurde kaum jemand vom Volk mit so vielen Spottnamen bedacht, wie der friedfertige Ferdinand I., der sich immerhin 13 Jahre lang im Amt befand, bevor er den Thron freiwillig seinem Neffen Franz Joseph I. überließ: Er hieß beispielsweise „Gütinand, der Fertige", „Gütiger, der Ferdinand" und „Nanderl, das Trotterl".

Von seinen übersichtlichen geistigen Leistungen zeugt die „Legende vom Adler": Eines Tages wollte der körperlich eher schwerfällige Monarch auf Greifvogeljagd gehen, was den Hofjagdleiter hinter Ferdinands Rücken zu der Aussage veranlasste: „Aber bittschön, der Kaiser kann doch gar nicht schießen. Wie soll das funktionieren?" Um seine Majestät nicht zu brüskieren, beschloss man, eine List anzuwenden. In einem bestimmten Revier hielt sich ein steinalter, zahmer und halbblinder Adler auf – der wurde zum Opfer auserkoren. Dieses Tier müsste man nur einfangen und auf einem Ast in der Nähe des Kaisers platzieren, hinter den sich unauffällig ein guter Schütze stellen sollte, der gleichzeitig mit dem Regenten schoss und hoffentlich traf. Und tatsächlich, alles verlief nach Plan, der Greifvogel wurde erfolgreich erlegt. Als jedoch Ferdinand an den Greifvogel herantrat, der tot auf dem Rücken lag und alle acht Krallen von sich streckte, meinte er enttäuscht: „Das soll ein Adler sein? Der hat ja nicht einmal zwei Köpfe!"

Aber auch Ferdinands Bruder Erzherzog Franz Karl, der Vater des späteren Kaisers Franz Joseph I., der den Thron nicht wollte und an seinen Sohn weitergab, dürfte nicht gerade ein Ausbund an Intelligenz gewesen sein. Er widmete sich am liebsten seinen vier Söhnen oder saß mit Leuten seines Hofstaats zusammen und genoss das Leben. Geheiratet hat er übrigens Sophie von Bayern, die Stiefschwester seiner Stiefmutter Karoline Auguste. Einmal soll er auf der Straße zu einem Passanten, der ihn nicht erkannte, mit einem breiten Lächeln gesagt haben, dass alle Männer in seiner Familie Kaiser waren, sein Vater, sein Bruder und sein Sohn, nur er wäre verschont geblieben.

Neben den geistig bescheidenen Leistungen so manchen Vertreters der Familie Habsburg gab es auch noch andere Beeinträchtigungen des Verstands. So gab es beispielsweise neben den braven Katholiken auch ebenso viele scheinheilige Frömmler, die Pathos mit Ethos verwechselten und nur Religiosität demonstrierten, um nicht unangenehm aufzufallen. Und es gab jene, die aus Angst vor der Hölle irrationale Fehlentscheidungen in weltlichen Angelegenheiten trafen oder sich gar selbst für den Erlöser auf Erden hielten. Mit einer großen Portion Selbstüberschätzung, gewürzt mit einer Prise Größenwahn, wollte beispielsweise Maximilian I. als ritterlicher Vertreter des Christentums sogar Papst werden und in dieser Funktion einen Feldzug gegen Rom starten. Seine Berufung begründete er mit der Behauptung: „Es gibt nur einen, der mehr gelitten hat als Jesus: mich!"

Rechtschaffen gläubig muss hingegen Kaiser Karl V. von Spanien gewesen sein, von dem folgende Begebenheit überliefert ist: Als der Monarch gerade seine Betstunde hielt, ersuchte ihn einer seiner Untertanen mit den Worten, dass er seinem Herrn, also ihm, etwas zu vermelden hätte, um Audienz. Karl antwortete, dass die Angelegenheit warten müsse, da auch *er* gerade seinem Herrn etwas zu vermelden habe. Dieser Regent sorgte zudem für den Ausspruch „das ist die merkwürdigste Sache, die je passiert ist" seitens des Papstes Clemens VII. – als er nach dem Religionsfrieden Mitte des 16. Jahrhunderts in aller Öffentlichkeit auf seine Kaiserwürde pfiff, bei der Verkündung von schluchzenden Adeligen umgeben, und das Amt zwischen seinen Söhnen aufteilte.

Ein richtig Heiliger wie aus dem Bilderbuch war Erzherzog Karl Ludwig von Österreich, Bruder von Kaiser Franz Joseph I., dessen Klerikalismus so weit ging, dass er aus seiner Kutsche heraus wildfremde Menschen zu „segnen" pflegte. Er wäre der nächste Thronfolger gewesen, nachdem Kronprinz Rudolf im Jagdschloss in Mayerling Selbstmord verübt hatte, starb jedoch vor Regierungsantritt – ebenso wie sein Sohn Franz Ferdinand. Somit trat schließlich sein Enkel Karl I., nach einem Verzicht von dessen Vater Erzherzog Otto, in die Fußstapfen Kaiser Franz Josephs.

Karl Ludwig zog sich 1896 eine Krankheit zu, nachdem er auf einer Reise nach Kairo verseuchtes Jordan-Wasser getrunken hatte, das ihn laut seiner religiösen Überzeugung eigentlich hätte erleuchten sollen.

Doch bereits einige Jahrhunderte früher soll der Habsburger Albrecht IV. ebenfalls von Gott besessen gewesen sein. Im Alter von zwölf Jahren musste er Johanna Sophie von Bayern heiraten, mit der er ab seinem vierten Lebensjahr verlobt war, und so begab er sich mit 21 – bereits etwas ehemüde – auf eine Pilgerfahrt ins Heilige Land. In Jerusalem erhielt der Habsburger am Heiligen Grab den Ritterschlag und kehrte nach insgesamt etwa viereinhalb Monaten wieder nach Hause zurück. Da der tiefgläubige Mann die einzige längere Reise seines Lebens mit verschiedensten wundersamen Ereignissen wie der Spontanheilung eines Lahmen und einer Marienerscheinung ausschmückte, verlieh man ihm den Beinamen „das Weltwunder".

Er hielt sich nach seiner Rückkehr aus dem Heiligen Land fast nur noch bei den Kartäusern in Mauerbach auf, betete viel und führte ein asketisches Leben, weshalb er zuletzt „Frater Albertus" genannt wurde. Seine Gattin dürfte das weniger gefreut haben. Im Alter von nur 27 Jahren starb Albrecht als Mönch, vermutlich an der Ruhr.

Sado-Maso-Habsburger

Bei der Freude am Schmerz, häufig als Lustgewinn in Verbindung mit Sexualität, handelt es sich um ein deviantes Verhalten von Menschen, die Befriedigung durch das Zufügen oder Erleben von körperlichen Qualen empfinden. Der aktive Part ist mit Macht und Dominanz der passive mit Demut und Unterwerfung verknüpft.

In früheren Zeiten versteckte sich diese Neigung häufig hinter der Züchtigung als Bestrafung für begangenes Unrecht, zur Anerkennung einer Autorität usw. Doch fast niemand, der anderen psychisches oder physisches Leid zufügt, macht dies ohne Glücks- oder zumindest Triumphgefühl – weshalb der Sadismus auch häufiger vorkommt als Masochismus.

Bereits in der Bibel wurde gedemütigt, gefoltert und gequält, darüber hinaus existierte der Ritus der Selbstgeißelung und Kasteiung, wenngleich dieser heutzutage von der Kirche nicht mehr erwünscht, aber auch nicht ausdrücklich verboten ist.

Glaube, Blut und Peitschen gehörte früher jedenfalls zum Leben der Menschen – egal, ob diese nun tatsächlich fromm waren, Gläubigkeit vortäuschten oder sich als scheinheilige Moralapostel erwiesen. Wie bereits erwähnt geriet dabei das Wort „Macht" zum Auslöser allen Tuns: über andere, beispielsweise um deren Willen zu brechen oder über sich selbst, etwa um mit mentaler Stärke eine Schwäche des Fleisches zu bestrafen.

Um einen echten Sadisten handelte es sich bei Don Carlos, über den schon berichtet wurde. Der Sohn Philipps II. von Spanien ermordete nicht nur das Pferd seines Vaters, er briet zudem mit großem Lustgewinn lebende Tiere am Spieß oder riss ihnen den Kopf ab, während ihre kleinen Körper noch in seinen Händen zappelten. Er zwang auch einmal einen Schuhmacher, ein Paar von ihm angefertigte Lederschuhe zu kochen und zu verspeisen, weil der arme Mann nicht den Modegeschmack von Don Carlos getroffen hatte.

Doch auch sein Vater war kein Unschuldslamm. Gemeinsam mit seiner zweiten Gemahlin Maria I. Tudor, auch „die Blutige" genannt, ließ Philipp II. 300 protestantische Ketzer auf dem Scheiterhaufen verbrennen. Mary wollte England katholisieren und mit dieser Aktion ein Zeichen setzen – „Im Namen des Herrn". Derselbe Gott hatte sie laut eigener Aussage auch zur Ehe mit Philipp angeregt. Aufgrund ihrer sadistischen Neigungen malträtierte sie ihren um elf Jahre jüngeren Gatten und zugleich Großneffen beim Liebesspiel, dem das bis zu einem gewissen Grad auch behagte. Als „die Blutige" jedoch zu wild wurde, entzog sich der Habsburger seiner Gemahlin und verspürte bei ihr „kein fleischliches Verlangen" mehr, was bei der Verschmähten zu zwei Scheinschwangerschaften führte. Frustriert und gedemütigt starb die Engländerin bereits drei Jahre nach der Hochzeit.

In Spanien wurden zu jener Zeit im Rahmen von Verlobungsfeiern oder Hochzeiten öffentliche Autodafés (port. für Glaubensgericht) durchgeführt. Es handelte sich dabei um die öffentliche Verkündung eines Urteils der Inquisition mit anschließender Vollstreckung – meistens Verbrennung auf dem Scheiterhaufen im Falle eines Schuldspruchs. Die Betroffenen wurden zuvor grausam misshandelt und gefoltert.

Dieser „Akt der Gerechtigkeit" unter dem Deckmantel der Frömmigkeit geriet zu einem dramatischen Spektakel, dem die Zuschauer sensationsgierig beiwohnten. Ein solches Autodafé fand im Jahr 1678 auch bei der Heirat von Karl II. mit seiner ersten Gemahlin Prinzessin Marie Louise d'Orléans statt. Im Rahmen dieser Zeremonie wurden 22 Menschen verbrannt und 60 weitere gezüchtigt – die Umstehenden geiferten, dem Bräutigam war es egal, und Maria Anna von Österreich feuerte die Vollstrecker sogar noch an.

Auch die Selbstgeißelung im Namen des Vaters und des Sohnes und des Heiligen Geistes war damals durchaus üblich. Um sich von ihren weltlichen Sünden und irdischen Begierden zu reinigen, züchtigte sich Anna von Tirol, Gattin und Cousine von Kaiser Matthias, selbst mit Ruten und Peitschen. Ein paar der Werkzeuge, einige davon sogar mit Eisenkugeln versehen, sind heute in der Schatzkammer in Wien zu bewundern. Die genannte asketische Dame mit Hang zum Masochismus ist übrigens auch Begründerin der Kapuzinergruft, wo sie mit ihrem Mann bis heute bestattet liegt.

Maximilian I. hatte 100 Jahre zuvor die Selbstgeißelung erst nach seinem Ableben vorgesehen und verfügt, dass seine Leiche nicht einzubalsamieren sei, sondern stattdessen auszupeitschen und kahlzuscheren, zudem solle man dem Leichnam die Zähne ausbrechen. Sein Totenbildnis, das noch erhalten ist, zeugt von diesen Maßnahmen und stellt einen Mann mit fahlgelber Haut, leicht geöffnetem, zahnlosem Mund, tief eingefallenen Wangen und einer verdrehten Pupille unter einem – auf einer Seite nach dem Zudrücken wieder ein Stück aufgegangenen – Augenlid dar.

Doch mit der „Peinigung des Leibs", ob an Ketzern, Straftätern, sich selbst oder der eigenen Leiche vorgenommen, war noch lange nicht Schluss.

Im Jahr 1768 erließ die „gütige" Landesmutter Maria Theresia die „Constitutio Criminalis", die neben Strafrechtstexten auch detaillierte Anleitungen zur Anwendung diverser Foltergeräte wie Daumenstöken, Beinschrauben und Streckbänken enthielt. Aber schon 1787 erschien unter ihrem Sohn Joseph II. im Rahmen des Josephinischen Strafrechts ein neues Gesetz, das diese brutalen Praktiken verbot. Er schuf außerdem die Todesstrafe ab. Eines seiner Leitmotive lautete: „Die Toleranz ist das Kind der Sanftmut", sodass während seiner Alleinregierung die Bevölkerung Wiens um 26 000 Menschen zunahm.

Zudem erfand Joseph II. das „Gassenkehren" für Straftäter aus der Aristokratie zur Demütigung des von ihm verhassten Adels. Auch eine andere Aussage seiner Majestät verrät dessen Gesinnung: Als er im Jahr 1788 einem Transport mit Rekruten begegnete und feststellte, dass es sich um Bauernburschen handelte, fragte er: „Warum werden eben diese Leute dem Ackerbau entzogen, warum nicht lieber die Wiener Müßiggänger mit den gewichsten Stiefeln genommen?"

Er fragte sich allerdings auch: Warum nicht „Torthur" durch Zwangsarbeit ersetzen und die Arbeitskraft der Delinquenten sinnvoll nutzen? Als Antwort wurde kurz darauf das Ziehen von Handelsschiffen donauaufwärts, für das zuvor Arbeiter teuer bezahlt und Rösser geschunden wurden, eingeführt. Dass rund zwei Drittel der Begnadigten aufgrund der Strapazen und der schlechten Kost im Straflager verstarben, nahm der Kaiser billigend in Kauf.

Viele seiner Maßnahmen werden vor dem Hintergrund, dass Maria Theresia ihren Sohn während ihrer gemeinsamen Regierungszeit laufend gemaßregelt und permanent unterdrückt hatte, ein wenig verständlicher. Trotzdem kann man Joseph II. keinesfalls als Sadisten bezeichnen – eher schon als Masochisten, betrachtet man seine Ehe. Als der junge Mann 1760 die verführerische Isabella von Bourbon-Parma heiratete, ahnte er nicht, was auf ihn zukommen würde. Der Habsburger war von seiner Gemahlin entzückt, mit der er – an damaligen Verhältnissen gemessen – eine recht unkonventionelle Ehe führte. Er vergötterte seine geistreiche und aparte „Tia-Tia", mit der er zu Beginn ihrer Beziehung zahlreiche romantische Abende verlebte, ließ ihr aber zugleich viele Freiheiten.

Schon bald warf die heißblütige spanische Bourbonin ein Auge auf Marie Christine, Josephs zu jenem Zeitpunkt 18-jährige, noch ledige Schwester. Der Gatte der schönen Isabella bemerkte, dass sie sich von ihm distanzierte, wagte jedoch nicht, nach dem Grund zu fragen, aus Angst, sie würde emotional noch weiter von ihm abrücken – wie sie es körperlich im Ehebett ohnehin bereits tat. Schon bald äußerte sie ihre verliebten und zeitweise erotischen Anwandlungen der Schwägerin gegenüber in zahlreichen schwärmerischen Briefen, die Marie Christine – welche die Gefühle etwas weniger intensiv erwiderte – aus inniger Freundschaft ebenso blumig beantwortete. Dennoch dürfte es sich bei dem vertrauten Verhältnis zwischen den beiden Frauen nicht um eine lesbische Beziehung gehandelt haben, auch wenn dies in etlichen Quellen vermutet oder angedeutet wird. Dagegen spricht, dass die Menschen zu jener Zeit Gefühle recht schnell, euphorisch und ohne Hintergedanken kundtaten und dabei rasch von Liebe sprachen, damit allerdings lediglich große Zuneigung oder Wertschätzung meinten.

Die jungen Frauen sahen sich fast jeden Tag, und wenn nicht, hinterließen sie sich kurze Botschaften, etwa *Ich sterbe aus Lieb zu dir, mein Schatz*. Schriftliche Verabschiedungen im Briefwechsel zwischen den beiden erfolgten beispielsweise mit den Worten *Auf bald, in Anbetung, ich küsse Dein erzenglisches Arscherl!* Der Ehemann und Bruder wurde von vielen Unternehmungen ausgeschlossen, was nicht immer einfach und zeitweise recht verwirrend für ihn gewesen sein dürfte, doch aus Liebe zu seiner Gemahlin tolerierte er die Schwärmerei für seine Schwester und versuchte weiterhin hartnäckig, auch selbst ein wenig Wärme und Zärtlichkeit von Isabella zu bekommen – eher vergeblich, wie im Volk getuschelt wurde.

Als die junge Frau bereits nach drei Jahren Ehe an den Folgen einer Pockeninfektion ihre Augen für immer schloss, musste man den schluchzenden Joseph von der Toten wegzerren. In der Folge gab er den Schmerz über den Verlust in Form kalter Abweisung und Demütigung an seine neue Gemahlin Maria Josepha von Bayern, seine Cousine zweiten Grades, weiter: Er vernachlässigte sie nicht nur, er nahm sie erst gar nicht zur Kenntnis. Angeblich ließ er sogar eine Mauer zwischen seinem und ihrem Schlafgemach hochziehen und weigerte sich, mit Maria Josepha die Ehe zu vollziehen. Er beschrieb sie als „kleine und dicke Gestalt" mit „hässlichen Zähnen" und ordnete sogar an, den gemeinsamen Balkon in Schloss Schönbrunn abzuteilen, damit er sie nicht sehen musste. Den Tod seiner Gemahlin zwei Jahre nach der Eheschließung nahm er kaum zur Kenntnis und ging auch nicht zum Begräbnis.

Ab jener Zeit ging es dann aber unter den Habsburgern halbwegs zivilisiert zu – offiziell und außerhalb der Schlafzimmer zumindest.

Eine Ausnahme bildete ausgerechnet Kaiserin Elisabeth, genannt Sisi – ihr wird eine Mischung aus Feminismus und Sadomasochismus nachgesagt. Sisi begann ihre Briefe an Franz Joseph, wenn sie in der Ferne weilte, stets mit „Mein Kleiner", und er unterschrieb seine Zeilen an die Herrin meist spiegelbildlich mit „Dein armer Kleiner", manchmal auch mit „Dein einsames Männchen" oder „Dein Männeken". Elisabeths „Ungehorsam" hatte sich schon in Form einer Ahnung bei der späteren Schwiegermutter angedeutet: Franz Joseph, der ursprünglich Sisis Schwester Helene hätte heiraten sollen, gestand seiner Mutter: „Elisabeth ist süß und frisch wie eine aufspringende Mandel, sie werde ich zur Gemahlin nehmen." Woraufhin die strenge Frau Mama konterte: „Aber wo denkst du hin, diesen Fratz!"

Als viele Jahre später Sisis Freiheitsdrang die sexuellen Vorlieben überlagerte, bedeutete das zugleich das Ende der (körperlichen) Liebe zwischen ihr und ihrem Franzl.

Ticks, Zwangsneurosen, Phobien und Süchte

Als Tick, auch Spleen, Macke oder Marotte genannt, wird umgangssprachlich eine bestimmte Eigenart oder Angewohnheit bezeichnet, welche die betreffende Person häufig „eigen" oder sogar schrullig erscheinen lässt. Manchmal wird der Begriff auch im Zusammenhang mit einer leichten Verrücktheit oder fixen, für viele nicht nachvollziehbaren, exzentrischen Ideen verwendet.

Natürlich gab es auch bei den Habsburgern gewisse Ticks, man kämpfte mit der einen oder anderen Phobie oder litt an Abhängigkeiten.

Im 14. und 15. Jahrhundert verbreitete sich unter den adeligen Männern ein ausgeprägter Haarkult, den man durchaus als Spleen bezeichnen könnte – die Herren trugen Mähne und Bart bevorzugt gewellt und ließen diese hierfür mit einer erhitzten Zange bearbeiten. Danach wurde für Festigkeit und Glanz Talk aufgestrichen. Besonderheiten wie Naturlocken wurden damals von Dichtern explizit erwähnt, weshalb beispielsweise Peter Suchenwirt im 14. Jahrhundert schrieb, dass der Habsburgerherzog Albrecht IV. beim Zurechtmachen seiner schwarzen Haare nie Unterstützung benötigen würde.

Kaiser Friedrich III., der das Imperium durch eine strategisch ausgeklügelte Heiratspolitik zu neuen Höhen geführt hatte, kannte man als leidenschaftlichen Schatzjäger und zugleich kleinkrämerischen Geizkragen. Zudem erkannte er Fälschungen, von welchen im Mittelalter viele kursierten, so sicher wie kein anderer. Wann immer der schlitzohrige Monarch eine Vermehrung seines Reichtums witterte, griff er beherzt zu, fürchtete er hingegen, Geld investieren oder ausgeben zu müssen, wurde er noch griesgrämiger, als er ohnehin schon war. In seinem Notizbuch, das der Kaiser stets mit sich führte, vermerkte er nur selten Ereignisse von Belang – Kriege, Krönungen oder Kindersegen –, dafür umso häufiger die Erfolge seiner Käufe von Gold und Juwelen. Im Rahmen seiner Beschaffungspolitik schreckte der Monarch sogar vor Diebstahl nicht zurück: Übernachtete er auswärts, in einem Schloss oder einer Burg, ließ er von dort immer etwas mitgehen, zum Beispiel Geschirr oder Bettwäsche.

Als er 1452 in einem Prunkmantel im Wert von 200 000 Gulden in Rom einritt, um die Kaiserwürde zu empfangen, soll es zu heftigen Tumulten gekommen sein. Einem alten Brauch folgend, wollten die Zuschauer dem „demütigen Pilger" das Gewand entreißen, woraufhin sich Friedrich so heftig wehrte, dass es Verletzte gab. Allerdings erlebte man den Regenten nur selten derart lebendig – war er doch aufgrund seines ansonsten phlegmatischen Naturells unter dem Namen „des Reiches Erzschlafmütze" (er legitimierte den Titel „Erzherzog", den Rudolf IV. erfunden hatte, davon später mehr) bekannt.

Zu einer besonders peinlichen Szene kam es 1473 in Trier, wo der Schatzjäger Friedrich mit Karl I., „dem Kühnen", die Heiratspläne für seinen Sohn Maximilian I. mit Maria von Burgund aushandelte. Der Monarch soll den Franzosen regelrecht um Gold und Silber als Mitgift für dessen Tochter angebettelt haben. Erst als dieser zustimmte, wurde der Hochzeitsdeal mit einem wilden Gelage besiegelt. Maria brachte dann auch noch die Niederlande in die Ehe ein und war dem Schwiegervater damit mehr als willkommen. Wehmütig griff der Kaiser in seine Schatztruhe und richtete seinem Sohn eine prunkvolle römische Hochzeit aus, danach zeigte er seine Kostbarkeiten aber nie wieder und hütete diese noch sorgsamer als je zuvor.

Zum Geiz hatte sich bei Friedrich III. schon früh rigorose Askese gesellt – eine schwierige Kombination, vor allem für seine Mitmenschen. Seine anfangs hübsche und temperamentvolle Gemahlin Eleonore von Portugal alterte und verhärmte an der Seite des Mannes, der Musik, Tanz, gutes Essen, Alkohol und Sex verschmähte.

Im Alter verbrachte der Monarch viel Zeit mit seinen Reichtümern und befasste sich zudem mit Alchimie, in der Hoffnung, selbst Gold herstellen zu können.

Doch Friedrich hatte noch eine ganz andere Seite: Er hegte eine fast schon kindliche Vorliebe für ausgefuchste Rätsel – sein größtes hat er der Menschheit hinterlassen: AEIOU. Mit dieser kryptischen Buchstabenfolge, deren Geheimnis bis heute nicht gelüftet ist, versah der schlitzohrige Monarch neben seinem Notizbuch und Wappen fast seinen gesamten Besitz, egal ob es sich dabei um Kleinodien, Tafelgeschirr oder Bauwerke – etwa die Wiener Neustädter und Grazer Burg oder das Linzer Schloss – handelte. Auf Initiative Maria Theresia zier AEIOU seit 1752 auch das Wappen der Militärakademie Wiener Neustadt sowie die Siegelringe ihrer Absolventen.

Übermittelte der listige Habsburger seinen Nachfolgern damit eine Botschaft, oder handelte es sich um einen Code für seine Verbündeten? Oder aber verlieh er mit der mysteriösen Signatur seiner Position noch mehr gebieterische Individualität?

Interpretationsversuche wie unter anderen „Alles Erdreich ist Österreich Untertan" oder „Austria erit in orbe ultima" (lat. für „Österreich wird bestehen bis ans Ende der Welt") stellen lediglich Theorien dar und sind keinesfalls des Rätsels Lösung. Sie sind sogar relativ unwahrscheinlich, da den Phlegmatiker Friedrich eher Ängste vor Räubern quälten, als imperialistische Visionen. Nach König Salomon, der dieses Kürzel schon rund 450 Jahre zuvor verwendete, verbergen sich in den fünf Vokalen fünf der Namen Gottes – auch diese Erkenntnis könnte hinter Friedrichs Vokalreihe stehen.

Der Kaiser hatte zudem die spleenige Angewohnheit, in seinem Notizbuch nicht nur pekuniäre Ereignisse zu vermerken, er schrieb zudem nieder, was den lieben langen Tag über seinen Verstand erhellte – es entstand ein Sammelsurium von Textfragmenten zu wissenschaftlichem Halbwissen, Glaubensfragen und antiker Mystik. Hinzu kamen selbsterdachte Lebensweisheiten und irgendwo aufgeschnappte Sprichwörter. Aus den Notizen des Monarchen, der geistig den Sprung vom Mittelalter in die Neuzeit nicht schaffte, spricht sein pessimistisches Unverständnis für Umwelt und Mitmenschen. Das Geheimnis seines „Codes" hat Friedrich III. jedenfalls mit ins Grab genommen, als er 1493 verstarb.

Sein Sohn Maximilian I. litt weniger unter der Angst, bestohlen zu werden, als vielmehr er könnte unvermutet sterben, weshalb er seinen Sarg stets mit sich führte – in Form einer mit Brokat ausgekleideten Schatztruhe. Paradoxerweise zählt dieser Kaiser zu den kühnsten und unerschrockensten Mitgliedern des Hauses Habsburg. Er hatte allerdings die Manie, alles selbst in die Hand nehmen und kontrollieren zu müssen: Kein noch so unwichtiger Brief blieb ungelesen, selbst die Rezepte für die Hofküche gingen zuerst durch seine Hände. In den kaiserlichen Archiven befinden sich unzählige Notizzettel des Kaisers, dicht beschrieben mit Geistesblitzen zu Kleinigkeiten, über die er sich den Kopf zerbrach. Er war zudem süchtig nach Zucker, bestellte aus diesem Grund sogar einen eigenen Zuckerbäcker aus den Niederlanden an seinen Hof.

Anders Johanna von Kastilien, „Juana la Loca", die einen Haarwaschzwang entwickelte, als sie ihren untreuen Gatten Philipp I. zurückgewinnen wollte. Sie pflegte häufiger ihre Hygiene zu vernachlässigen, wenn ihr Gemahl sie nach einem ihrer eifersüchtigen Tobsuchtsanfälle einsperrte, woraufhin er sich vor ihr ekelte. Öffnete Philipp dann wieder die Tür, braute sie Liebestränke und ließ sich von ihren maurischen Dienerinnen vor dem geplanten Stelldichein im Ehebett stundenlang die Haare waschen. Geholfen hat es nicht – der junge Spanier schien immun zu sein gegen magische Elixiere.

Der gemeinsame Sohn Karl V. wiederum war gefräßiger, als jeder Herrscher vor und nach ihm, wobei sein Lieblingsmotto „de la messa a la menza" (= „von der heiligen Messe zur Tafel") lautete. Er galt bei Hof und im ganzen Land darüber hinaus als schlecht verdauend, wovon seine übelriechenden Blähungen zeugten, die in geschlossenen Räumen angeblich sogar die Fliegen tot von der Decke fallen ließen.

Der Kaiser trank gewohnheitsmäßig früh am Morgen einen Krug eiskaltes Bier und stärkte sich im Laufe des Tages mit seinen Leibspeisen: Waterzooi (Eintopf mit Fisch oder Huhn in Weißweinsauce), Carbonade flamande (Eintopf mit Rind und in Bier geschmorten Zwiebeln), gepökelte Austern, Sardellen, Aal in Sülze, Langusten, gebratenen Fasanenbrüste, gegrillte Rebhühner, scharf gewürzte Würste und Erdbeeren mit Schlagrahm. Es verwundert kaum, dass der Monarch an Gicht, Diabetes und Hämorrhoiden litt.

Karl V. hatte zudem einen Uhrentick. Als er sich auf seinem Alterssitz, einem „palacio" nahe dem Kloster San Yuste in Westspanien, einrichtete, durften auch seine Zeitmessgeräte nicht fehlen. Er entwickelte – vermutlich aus Langweile als Weltherrscher in Rente – nach und nach eine eigenartige Obsession: Karl achtete peinlich genau darauf, dass alle Uhren dieselbe Zeit anzeigten und im selben Takt schlugen.

Karl II. von Spanien, „der Verhexte", litt unter dem zwanghaften Verhalten, alles abzuzählen, woran er Gefallen fand: Blumen, Sterne, verbrannte Ketzer usw. Rudolf II., der leidenschaftliche Sammler, litt unter der andauernden Angst, vergiftet zu werden. Der Kaiser mied daher öffentliche Auftritte, höfische Feste und gemeinsame Unternehmungen mit anderen Adeligen, wie etwa Jagdausflüge oder Turniere, und wurde damit zu einem Misanthropen. Er speiste meist alleine, ließ sein Essen vorkosten und nahm den Wein ausschließlich aus seinem zu einem Trinkgefäß umgearbeiteten Bezoar (Magenstein von Wiederkäuern) zu sich. Mit fortschreitendem Alter hegte er immer größeres Misstrauen gegenüber seinen Mitmenschen, verdächtigte sogar seine langjährige Dienerschaft, ihm schaden zu wollen. Zudem plagte ihn Zeit seines Lebens eine „Wiccaphobie", die Panik vor Hexen sowie deren Verwünschungen und Flüchen. Als er aufgrund seiner Wahnvorstellungen und Ängste immer öfter zum Alkohol griff, um sich damit zu betäuben, begann er sogar, seine Mitarbeiter zu misshandeln, bis er 1612 einsam in Prag verstarb.

Maria Theresias Großvater, Leopold I., komponierte für die Hochzeit mit seiner Nichte und zugleich Cousine Margaretha Theresia von Spanien, an einer pompösen Oper mit. Es handelte sich zugleich um die Ur- und auch einzige Aufführung von „Il pomo d'oro" („Der goldene Apfel") des italienischen Musikers Antonio Cesti. Der Kaiser schrieb darüber hinaus zahlreiche weitere Werke, wie Oratorien, Singspiele und Ballettstücke. Das wäre ja an sich noch nicht so ungewöhnlich – dass der Hochwohlgeborene seine Beamten nach deren Sangeskünsten und Musikalität auswählte, kann jedoch durchaus als „eigen" bezeichnet werden. Dabei hätte Leopold eigentlich Priester werden sollen, doch da er ständig sang und herumtanzte, meinte der Familienrat, er und seine extrovertierte Exzentrik wären in der Hofburg doch besser aufgehoben als in einem Gotteshaus.

Und dann wurde er nach dem überraschenden Tod seines älteren Bruders Ferdinand IV. sogar Kaiser und war beruflich wie privat recht erfolgreich. Seine Ehefrau nannte er „Gretl", sie ihn „Onkel" – bis zu ihrem Tod nach sechs Jahren Ehe und vier Geburten. Bis dahin hatte sie erfolgreich zur Vertreibung der Juden aus Wien beigetragen, weshalb deren Wohnviertel nach ihrem Gatten in Leopoldstadt unbenannt wurde. Der Kaiser heiratete danach noch zwei Mal und hatte insgesamt neun Kinder. In Wien wurde dem künstlerisch veranlagten Monarchen am Vermählungsbrunnen am Hohen Markt 1706 ein Denkmal errichtet.

Die Habsburgerin Maria Theresa von Spanien, im 17. Jahrhundert verheiratet mit Frankreichs Sonnenkönig Ludwig XIV., war süchtig nach heißer Schokolade und schlürfte bis zu zwanzig Tassen am Tag. Das damals sündteure Vergnügen und sieben Pflichtschwangerschaften kosteten sie ihre Figur, fast alle Zähne und das – vorher schon nicht besonders stark ausgeprägte – Interesse ihres Ehemanns. Und während ihr Gatte Mätressen sammelte, legte sie sich haufenweise Affen und Liliputaner zu. Schon bald ging die Königin fast nirgendwo mehr hin ohne ihren Pulk von Meerkatzen und „Zwergen" zur „besonderen Erbaulichung". Doch mit royalem Anstand waren Maria und Ludwig auch Gewohnheitstiere, weshalb der polygame Monarch auf Schloss Versailles täglich auf ein halbes Stündchen zum „Gute-Nacht-Sagen" zu seiner zahnlosen Gemahlin ins Bett stieg – damit alles seine Ordnung hatte.

Ihre Schwiegermutter, die Habsburgerin Anna von Österreich, litt unter dem Tick, ihren Händen besondere Aufmerksamkeit zu schenken – sie pflegte diese fast rund um die Uhr, so gut es die damaligen Verhältnisse eben zuließen. Die tägliche Prozedur zeigte Erfolg, Annas Hände waren die meistbewunderten ihrer Zeit und wurden unzählige Male gemalt und besungen. Das Lob galt dabei nicht nur der zarten weißen Haut und schmalen Form, sondern auch den schlanken, feingliedrigen Fingern. Die französische Königin soll in der ständigen Sorge gelebt haben, ihre Hände könnten durch ein Unglück verunstaltet werden oder Falten bekommen.

Nachdem Anna in der Folge von drei Totgeburten und einem Kind, das nur wenige Stunden lebte, endlich den Sonnenkönig zur Welt gebracht hatte, war ihre Pflicht an der Seite von Ludwig XIII. getan. Sie brachte zwei Jahre später einen weiteren Sohn zur Welt, Philippe I. de Bourbon, den sie bis zu seiner Volljährigkeit wie ein Mädchen behandelte und kleidete – offiziell, damit er kein Konkurrenzdenken gegenüber seinem Bruder, dem Thronfolger, entwickelte, inoffiziell, weil sie sich eine Tochter gewünscht hatte. Anna überhäufte ihren Sohn noch als Teenager mit Schmuck und Kleidern, während sie jedes burschikose Verhalten rigoros unterdrückte. Ein Freund der Familie äußerte dazu: „… dass man Monsieur, den Bruder des Königs, auf eine äußerst weibische Art und Weise aufzog, wodurch er kleinmütig und verachtenswert werden musste …“ Ludwig XIV. hat seinen Bruder von der aktiven Politik Frankreichs und sämtlichem Einfluss auf die Regierung ferngehalten, woraufhin sich Philippe frustriert mit einem ausschweifenden Lebensstil Luft machte und seine Homosexualität offen auslebte. Das passte Mutter Anna dann aber auch wieder nicht, und so verheiratete sie ihren Sohn im Jahr 1661 mit Henrietta Anna Stuart von England, die kurz darauf vergiftet wurde. Philippe heiratete ein weiteres Mal, die deutsche Prinzessin Liselotte von der Pfalz, brach diese Ehe aber nach der Geburt der drei Kinder ab. Danach gab es homosexuelle Ausschweifungen, skandalöse Bruderschaften und frauenfeindliche Eklats, bis der brüderliche Sonnenkönig den Filou in die Schlacht schickte, wo sich dieser zu aller Verwunderung als fähiger Feldherr erwies. Nur eines war vielleicht ein wenig seltsam: Er litt unter der Phobie, seine schönen, femininen Hände könnten zu Schaden kommen! Bis zu seinem Tod 1701 bewohnte er ein Palais in Paris, das er zu einem Ort freigeistiger Entfaltung machte.

Die rund 40 Jahre später in Wien regierende Kaiserin Maria Theresia wiederum funktionierte ihre Herrschersitze zu Hochburgen des dogmatischen Konservatismus und zu Kontrollzentralen der Macht um.

Zugleich frönte sie dort hinter verschlossenen Türen ihren Süchten und Lastern.

In Schönbrunn existierte beispielsweise ein Saal, der das eine oder andere Mal zur majestätischen Kartenspielhöhle wurde; wenn man nicht gerade Staatskonferenzen darin abhielt. Es gab zahllose Berichte von Mitarbeitern der Kaiserin, die sie jedes Mal sehr erregt erlebten, wenn sie ihre Chefin beim Skat oder Rommé störten: *Sie kam herausgelaufen, fahrig mit der einen Hand die Haube geraderückend und sich die Haare aus dem Gesicht streichend, mit der anderen die Karten an den wogenden Busen gepresst, sprach nur kurz und abgelenkt, um gleich darauf an den Spieltisch zurückzueilen.* Das berichtete sinngemäß Josef von Sonnenfels, Professor an der Wiener Universität und Herausgeber verschiedener Wochenblätter, der häufig mit Maria Theresia zu tun hatte.

Während ihrer Regierungszeit kam es bezüglich der Toleranz von Lust und Laster in den Augen der Öffentlichkeit zumindest einmal zu einem Fall schamloser Doppelmoral: Als im Jahr 1767 der „größte Schürzenjäger und beste Liebhaber aller Zeiten" Giacomo Casanova Wien unsicher machte, verwies ihn die Monarchin der Stadt und gab als Grund für den Rauswurf „Wildpinkeln" und „verbotenes Glücksspiel" an. Tatsächlich wollte die Kaiserin einen Gattenverführer loswerden, da der Abenteurer ihren Franz nur allzu häufig mit auf den Spittelberg nahm, um in Freudenhäusern die Nacht zum Tag zu machen.

Franz I. Stephan hatte sich im Keller der Hofburg einen gut gesicherten Schlupfwinkel eingerichtet, in dem er seiner Leidenschaft, dem „Hasardspiel" (= Glücksspiel), frönte. Vor diesem unterirdischen „Amüsiersalon", der sich hinter einem Gewirr von Gängen, Pförtchen und Stiegen befand, standen stets zwei Männer Wache – für den Fall, dass Maria Theresia eine Art Hausrazzia durchführen ließ. Eines Tages erreichte den Kaiser die Nachricht von einem solchen Kontrollgang durch die Hofburg, überbracht von einem getreuen Diener, während eines Spiels mit einigen Herren, darunter auch Casanova. Der immer zu Scherzen aufgelegte Don Juan versteckte sich mit zwei seiner neuen Bekanntschaften, den Grafen Philipp Joseph Kinsky und Christoph Erdödy, in einer der vielen dunklen Nischen des unterirdischen

Maria Theresia

Labyrinths. Als sich die sporenklirrenden Schritte des Leutnants und seiner fünf Gardisten, die zur Durchsuchung sämtlicher Räume abgestellt worden waren, näherten, sprangen die drei Spaßvögel plötzlich hervor und erschreckten die Abgesandten ihrer Majestät fast zu Tode. Die Herrschaften im Geheimsalon inklusive dem royalen Gatten konnten derweil das Weite suchen und entgingen auf diese Weise dem Zorn der strengen Kaiserin.

Maria Theresia hatte neben dem Kartenspielen noch ein weiteres Laster: deftiges Essen! Besonders gesündigt wurde zu offiziellen Anlässen, bei denen die Habsburgerin meist ihre Lieblingsspeisen auftragen ließ: eine Bouillon aus Sellerie, Trüffeln und Poularden und danach gewickelte Krebsgermnudeln (Rezept im Kapitel „Skurrile

Fakten und amüsante Anekdoten") oder einen Karpfen in Schmalz gebacken, verfeinert mit Muskat und Mandeln oder Pistazien, schwimmend im Sud aus Karpfenblut, Schwarzbier und Powidl, mit Knödeln als Beilage. Die barocken Tafeln der Donaumonarchie bogen sich gewöhnlich vor opulenten Mahlzeiten, beeinflusst von der Esskultur im genussvoll-dekadenten Frankreich, und bereits zu kleineren Anlässen wurden unzählige Gerichte serviert. Maria Theresia liebte zudem Kakao – das Heißgetränk wurde zum Frühstück serviert, verfeinert mit Vanille und Zimt.

Sie beschäftigte auch einen eigenen Schokolademacher an ihrem Hof, besaß zwölf Schokoladeschalen samt Becher, zwei Schokoladekannen und sechs Schokoladetassen – alle Teile natürlich aus Silber. Die Tafeln wurden darüber hinaus mit Zuckerkunstwerken dekoriert, die ganze Landschaften und Schlösser darstellten. Erstaunlicherweise imponierten die aufwendig hergestellten Schaustücke der Kaiserin wenig. „All diesen Aufputz mit Zucker und Zierraten kann ich nicht leiden", äußerte sich Maria Theresia über die vergängliche und kostspielige Pracht und schaffte die zuckrige Dekoration kurzerhand ab. An deren Stelle traten Porzellanfiguren und Blumenschmuck.

Doch nur, weil Maria Theresia die Zuckerskulpturen verschmähte, hieß das nicht, dass sie nicht trotzdem viel zu viel aß und naschte. Einmal griff ihr Leibarzt, der Niederländer Gerard van Swieten, zu einer drastischen Abschreckungsmaßnahme: Er ließ in einem Kübel alles zusammenrühren, was die Landesmutter so aß, und zeigte ihr den ekelhaften Brei mit dem Hinweis, dass es so in ihrem Magen aussähe. Der Schockeffekt währte jedoch nicht lange, schon bald stopfte Maria Therese das Essen so unkontrolliert wie eh und je in sich hinein.

Im höheren Alter konnte die Kaiserin fast nicht mehr gehen und ließ sich im Schloss Schönbrunn mit einem an Seilen befestigten Kanapee, das unten mit Rollen versehen war, senkrecht von einem Stockwerk ins andere ziehen und dann von Raum zu Raum schieben. Auch wenn sie ihren verstorbenen Gatten zu besuchen wünschte, mussten die Lakaien sie in die Kapuzinergruft abseilen. Darüber hinaus besaß sie ein umschnallbares Schreibpult inklusive Vertiefung für ein Tintenfass, das sie stets bei sich trug, damit sie nicht so oft aufstehen musste.

Auch ihr Sohn, Joseph II., hatte neben seinem Ruf als „Hasser des Adels", „Verweigerer steifer Zeremonielle" und „polyglotter Weltenbummler" – er bereiste während seiner Regierungszeit immerhin rund ein Drittel der Erblande – auch jenen des „genusssüchtigen Essers" zu verteidigen. Er selbst bezeichnete sich allerdings als Gourmet und begann bereits am Morgen, sich mit eisgekühltem Bier und fettem Bratfleisch zu stärken. Damals wurde der Gerstensaft gerade „modern" und zog mit dem Wein gleich – Mitte des 18. Jahrhunderts betrug die jährliche Konsumation pro Kopf rund 70 Liter Bier, heute trinken Österreicher etwa das Doppelte.

Die ungesunde Ernährung setzte dem Kaiser ordentlich zu, er litt an Verdauungsproblemen und Gicht, als er auch noch an Tuberkulose erkrankte, hatte sein geschwächter Körper keine Chance mehr, und so verstarb Joseph im Jahr 1790 noch vor seinem 50. Geburtstag. Der Nachwelt erhalten geblieben ist eine Auflistung seiner Verpflegung auf einer Russlandreise im Jahr 1787. Im Tross des Kaisers wurden folgende Lebensmittel mitgeführt: 35 Kilo Rindfleisch, ein ganzes Kalb, ein ganzes Lamm, 24 Hühner, drei Gänse, zwei Suppenhühner und zwei Truthähne, außerdem noch 100 Kohlköpfe, Zeller, Zwiebel und Sauerkraut. Nur das Bier besorgte man in den Landgasthäusern vor Ort.

Bei Joseph II., der Angst vor Spaßmachern mit bemalten Gesichtern wie Clowns oder Harlekins hatte (= Coulrophobie), handelte es sich um den reformfreudigsten Regenten unter den Habsburgern. Er führte unter anderem die Religionsfreiheit ein, hob die Leibeigenschaft auf und ließ die Folter verbieten. Aber in vielerlei Hinsicht war er von krankhaftem Ehrgeiz und Perfektionismus besessen – vermutlich unter anderem deshalb, weil seine Mutter ihn lange Zeit nicht an die Macht ließ, ihm alles vorschrieb und nichts zutraute. Aufgrund seiner Entschlossenheit, die habsburgischen Erblande so schnell als möglich zu modernisieren und überholen, bezeichneten Zeitgenossen seine Maßnahmen als eine „schlecht durchdachte Folge von wilden Improvisationen". Dem Kaiser wurde vorgeworfen, häufig unbesonnen und schonungslos zu agieren – bei der recht undiplomatisch durchgeführten Kirchenreform kritisierte man beispielsweise, dass er auf der barocken Frömmigkeit seines Volkes herumtrampelte.

Im Rahmen seines Bestrebens, alles bestmöglich zu machen, pflegte er sich vor einer Unternehmung oder Investition gut zu informieren. Inkognito als „Graf von Falkenstein" reiste Joseph in Begleitung ausgesuchter Personen quer durch ganz Europa und ließ sich über die Probleme der Menschen direkt vor Ort in Kenntnis setzen. Immer mit dabei war sein treuer Feldmarschall und Freund Graf Franz Moritz von Lacy.

Joseph II. hatte erkannt, dass es zur Staatsideologie gehören musste, für die Untertanen persönlich zugänglich zu sein – anstatt mit Speichelleckern und Schönrednern, umgeben von Prunk und Pomp, abgehoben in der Hofburg zu sitzen. Er sprach auch fast ausschließlich Deutsch, wie es die „schlichten Leute" taten, und nicht Französisch, wie damals in Adelskreisen üblich. Er legte außerdem Wert darauf, stets hautnah zu erleben, was auch jeder andere durchmachte. So ließ er etwa verbieten, die Straßen neu zu pflastern, bevor er anreiste, und wollte durch dieselben Schlaglöcher rumpeln wie seine Untertanen. Schon bald wurde der Thronerbe, der keine Lust auf das diktatorische Leben in der Hofburg unter der Fuchtel seiner Übermutter Maria Theresia hatte, als volksnaher Held gefeiert. Weil aber bald jeder seine zweite Identität kannte, schickte er vor Antritt einer Fahrt Botschafter aus, die verkündeten, dass man den Grafen von Falkenstein nicht umjubeln, sondern völlig „normal behandeln und nicht füttern" solle. Seine Nächte verbrachte der junge Kaiser am liebsten in Wirtshäusern, Pfarrhäusern oder auf Bauernhöfen, benötigte dazu neben der Verpflegung lediglich „40 Schab Stroh".

Aufgrund seiner Rastlosigkeit – immerhin hatte der Kaiser während seiner Regierung ein Drittel seiner Amtszeit fern von daheim verbracht – und vor allem seines bescheidenen Auftretens wegen hieß es: „Seine Toilette ist die eines Soldaten, seine Garderobe die eines Unterleutnants, seine Erholung Arbeit, sein Leben ständige Bewegung."

Der nächste Kaiser, Franz II./I., ein Neffe von Joseph II., hielt sich am liebsten in Gesellschaft seiner Familie und von Pflanzen auf. Die maßregelten ihn nämlich nicht, im Gegensatz zu seinem Onkel, dem er es als dessen Thronfolger von klein auf nie hatte recht machen können. Er fühlte sich in der Natur wesentlich wohler als auf dem Thron und trug lieber Gießkanne als Krone, was ihm die Bezeichnung „Blumenkaiser“ eintrug. Während die Wiener und Wienerinnen im Volksgarten Kaffee tranken, plauderten und lachten, zupfte der Monarch in stiller Abgeschiedenheit auf der anderen Seite der Hofburg in seinem Kaisergarten (heute Burggarten) Unkraut und stutzte auf der Terrasse die Rosenstöcke. Bekleidet mit einem alten Hemd, schäbigen Hosen und einem riesigen Schlapphut legte er am liebsten selbst Hand an. Die auch heute noch bestehende Gestaltung des Volksgartens, den er im Jahr 1823 für die Wiener Bürger öffnen ließ, stammt von ihm. Der „gute Kaiser Franz“ gestaltete auch noch viele weitere Grünflächen in ganz Österreich.

Sein Sohn und Thronerbe, Ferdinand I., war nicht nur nicht der Hellste, er litt zudem – neben einer tatsächlich bestehenden Epilepsie – an einer ausgeprägten Hypochondrie. Er kam bis ins Mannesalter zu den Eltern gelaufen, wenn es irgendwo zwickte und zwackte und vermeinte, in absehbarer Zeit an einer schweren unheilbaren Krankheit zu sterben.

Aber auch die beliebteste Habsburgerin Österreichs, Kaiserin Elisabeth, hatte etliche Macken – einige waren sogar einer Sucht ähnlich. Eine ihrer Eigenheiten bestand darin, dass sie ihre Emotionen meist in sich verschloss und danach als Gedicht ihrem Büchlein anvertraute. Vor allem blanken Hohn und schadenfrohen Zynismus schrieb sie sich auf diese Weise von der Seele; so etwa über Katharina Schratt, der „Gnädigen Frau“ ihres Gemahls Franz Joseph I. – ob sie dessen platonische Vertraute oder auch Mätresse war, konnte nie einwandfrei geklärt werden, wohingegen andere Affären des Kaisers durchaus belegt sind. Und obwohl Sisi die Begegnung mit der Schauspielerin sogar initiiert und sie ihrem Franzl auf dem Silbertablett serviert hatte, war sie anschließend nicht frei von Eifersucht, wie es scheint.

Das beweist folgendes Spottgedicht, in dem sie ihren Mann „Oberon“ und sich selbst „Titania“ (ihr Synonym als Dichterin) nannte, in Anlehnung an König und Königin der Elfen aus William Shakespeares „Sommernachtstraum“. Katharina bezeichnete sie als „die dicke Schratt“:

Dein dicker Engel kommt ja schon
Im Sommer mit den Rosen,
Gedulde Dich, mein Oberon!
Und mach nicht solche Chosen!
Sie bringt mit sich ihr Butterfass,
Und läßt sich Butter bereiten,
Sie macht mit Cognac die Haare nass
Und lernt am End noch reiten.

Sie schnürt den Bauch sich ins Korsett,
Dass alle Fugen krachen,
Hält sich gerade wie ein Brett
Und „äfft" noch andere Sachen.

Im Häuschen der Geranien
Wo alles fein und glatt,
Dünkt sie sich gleich Titanien,
Die arme dicke Schratt.

Doch Katharina Schratt, auch nicht auf den Mund gefallen, holte zum hohntriefenden Konter aus:

Wie wohl ist dem, der dann und wann
Sich etwas Schönes dichten kann.
Und bei der schönen Aussicht hier
Dies bringen darf gleich zu Papier!
Ich bin leider sehr kummervoll,
Da ich nicht weiß, was ich schreiben soll
Ihr ahnt nicht, von der Muse geküßt,
Prinzeß, wie schwer mir's Dichten ist!

An ihren Gatten gerichtet war jener Vers von Kaiserin Elisabeth, der sich auf seinen Besuch bei Katharina Schratt bezog:

„Kehrt heim von seiner Kuh, o welch ein Ochs bist du!

Sisi legte selbst wenig Wert auf höfische Feste und Etikette, machte sich daher umso mehr über das Herausputzen ihrer Zeitgenossinnen für gesellschaftliche Anlässe lustig. Folgende Spottverse sind Fürstin Pauline Metternich gewidmet:

Doch ihren Mund mir auszumalen,
Wo nehme ich die Farben her?
Zu Rosen, Kirschen, solch banalen
Vergleichen greif ich nimmermehr.
Ein solches Rot schmückt keine Blume,
Und auch kein Obst nannt' jemals sein;
Nicht heut und nicht im Alterthume
Gabs einen zweiten solchen Schein.
Zwei Zoll breit sind die Wunderlippen,
Mit diesem Purpur angetan …
Und glaubt ihr, dass ich übertrieben,
So geht und schaut sie selber an.

Elisabeth hasste auch ihre Repräsentationspflichten, denen sie sich nicht immer entziehen konnte. Sie dichtete:

Es tritt die Galle mir fast aus,
Wenn sie mich so fixieren;
Ich kröch' gern in mein Schneckenhaus
Und könnt' vor Wut krepieren.

Wenig schmeichelhaft schrieb sie einmal über ihren Gatten:

Immer doch beim Morgengrauen
An's Herz gedrückt noch warm,
Mußt ich mit Entsetzen schauen
Den Eselskopf im Arm.
Ja, du schienst mit deinem grauen
Haupte immer ganz und gar
Einem Esel gleichzuschauen,
Ähnlich bis aufs kleinste Haar.

Dass sie von der Liebe, der emotionalen wie der körperlichen, aber sowieso nicht viel hielt, bezeugen jene Verse:

Für mich keine Liebe, für mich keinen Wein,
die eine macht übel, der andere macht spei'n.

Ihr lyrischer Output gipfelte im royalen Glanzstück „Ja, wenn ich der Dachstein wäre", da lautet die letzte Strophe:

Ja, wenn ich der Dachstein wäre,
O der größten Herrlichkeit!
Scherte mich, auf meine Ehre,
Nie mehr um gewisse Leut'.

Ihre Gedichte, niedergeschrieben auf 600 Seiten, hinterließ „Titania" der Nachwelt, den „Zukunftsseelen", in einer Art „Zeitkapsel", die erst 60 Jahre nach ihrem Tod geöffnet werden durfte.

Geradezu divenhafte Allüren legte Sisi allerdings in Bezug auf ihr Äußeres an den Tag, wobei ihre ganz besondere Sorgfalt dem hüftlangen Haar galt. Die hellbraune Mähne wog etwa zwei Kilo und musste täglich drei Stunden lang gebürstet werden. Für die Pflege rührte Friseurin Fanny Feifalik Eigelb mit Cognac an – das Auftragen und Auswaschen der Haarmaske dauerte einmal pro Woche den ganzen Vormittag. Die endlos langen Frisierstunden nutzte die wissbegierige Gattin von Kaiser Franz Joseph zum Erlernen von Sprachen wie Ungarisch und Griechisch. Hin und wieder wurde ihr schweres Haar auch zusammengefasst und an die Zimmerdecke gebunden, um den Kopf zu entlasten. Ihr Gesicht salbte Sisi, die am liebsten in Wasser mit Olivenöl badete, mit einer Creme aus Mandelöl und Glycerin. Weitere Schönheitsmittel der Habsburgerin waren eiskalte Bäder, Rind- oder Kalbfleischsaft, Gurken, Erdbeeren, Veilcheneis und Schaf- sowie Kuhmilch.

Im Gegensatz zu ihrem Gatten war Elisabeth eine Gesundheitsfanatikerin: Sie achtete penibel auf ihr Gewicht und setzte sich selbst bei geringfügiger Zunahme sofort auf strenge Diät, bei der sie tagelang nur flüssige Nahrung zu sich nahm. Das hatte zur Folge, dass sie bei einer Größe von 1,72 Meter nie mehr als 50 Kilogramm wog und ihren Taillenumfang von 50 Zentimeter peinlich genau hielt – nach heutigen Maßstäben litt die Kaiserin unter Magersucht.

Im Jahr 1897 wurde bei Sisi während eines Urlaubs am Genfer See von einem aufgrund eines Schwächeanfalls herbeigerufenen Arzt ein klassisches „Hungerödem" diagnostiziert. Wie kritisch sie zugleich auf nicht ebenso „willensstarke" und ihrem Schönheitsideal entsprechende Menschen reagierte, zeigt ihre Bezeichnung für ihre Schwiegertochter Kronprinzessin Stephanie, die sie „hässliches, fettes Trampeltier" nannte.

Kaiserin Elisabeth hatte allerdings auch ein ganz besonderes Verhältnis zu ihren Ausscheidungen, die keinesfalls in einer gewöhnlichen WC-Schüssel landen durften. Sie ließ sich daher in ihren Gemächern in der Hofburg Klosetts in der Form eines Delphins installieren.

Franz Joseph, der kein großer Gourmet war, schlang sein Essen meist achtlos hinunter und war bei Tisch immer als Erster fertig. Das hatte den Nachteil, dass bei Empfängen kaum jemand satt wurde, da das Personal abservieren musste, sobald der Monarch das Besteck zur Seite gelegt hatte. Da half es auch nicht, dass die Gäste bis zu 13 Gänge vorgesetzt bekamen, darunter fast immer der weltberühmte Tafelspitz. Zur Jagdzeit gab es Reh-, Hirsch- oder Wildschweinbraten. Es ist aus jener Zeit auch überliefert, womit sich das Volk ernährte, beispielsweise mit Biber- und Fischottergulasch. Die Tiere wurden, da sie vor allem im Wasser leben, kurzerhand den Fischen zugeordnet, damit man sie auch in der Fastenzeit bedenkenlos essen konnte.

Die teilweise hochneurotische Sisi wollte nicht nur schlank sein, sondern auch fit. Aus diesem Grund turnte sie fast täglich schon vor dem Frühstück und trug ihre Fortschritte in ihr persönliches „Gewichts-Journal" ein. Zudem hetzte sie mehrmals pro Woche im Stechschritt durch die Natur, was ihre Hofdamen in deren langen Röcken und hohen Stöckelstiefeln nicht selten zur Verzweiflung trieb. Von den Griechen wurde Sisi aufgrund ihres Tempos passenderweise „Eisenbahn" genannt. Oft wanderte sie tagelang über hohe Gipfel und durch tiefe Schluchten, wobei sie sich meistens in Begleitung erfahrener Alpinisten befand, da ihre Hofdamen bei diesen Touren fast ausnahmslos verweigerten.

Doch so bescheiden sie sich bei der Nahrungsaufnahme gab, freilich aus für sie gutem Grund, so verschwenderisch verhielt sich Sisi bei Unternehmungen und riss mit ihren extravaganten Anforderungen tiefe Löcher in die kaiserliche Geldbörse. Als absolutes Highlight gilt diesbezüglich ihre Reise auf die Isle of Wight im Jahr 1874, wo sie sich in der englische Jagd- und Reitkunst unterweisen lassen wollte. Wie aus dem Hofprotokoll ersichtlich ist, wurde der kaiserliche Salonzug in Richtung des Empire am Westbahnhof in Wien mit insgesamt 40 Tonnen Gepäck beladen – darunter ihr eigenes Badezimmer samt Delphinklosett und ihre schweren Turngeräte. Darüber hinaus entstanden während der Fahrt horrende Kosten, da bei jeder Station, an welcher der Zug länger Halt machte, ein eigener komfortabler Wartesaal für sie eingerichtet werden musste.

Der sparsame Kaiser zahlte für diese Reise zähneknirschend 106 516 Gulden und 93 Kronen – gerechnet auf die damalige Kaufkraft wurden 1,1 Millionen Euro ausgeben, und das bei einem durchschnittlichen Jahreseinkommen der Bevölkerung von 250 Gulden (ca. 2 600 Euro) pro Kopf.

Ein Versuch, die laufend Fernwehkranke wieder stärker an Wien zu binden, misslang, als Kaiser Franz Joseph seine Gattin nach ihrem eigenen Geschmack die „Hermesvilla“ im Lainzer Tiergarten bauen ließ. Schon bald prangte zum Dank für diese nette Geste über dem Prunkbett im Schlafzimmer Sisis Lieblingsszene aus dem „Sommernachtstraum“, Titania mit dem Esel, in Anspielung auf die Beziehung zu ihrem Mann. Kaum war jedoch der Prachtbau mit der Statue des griechischen Götterboten Hermes davor fertig, nahm die Rastlose neuerlich Reißaus. Bei einem ihrer Aufenthalte in Griechenland ließ sie sich in einer Hafenkneipe den bereits erwähnten Anker auf die Schulter tätowieren, der ihre Nähe zum Ozean versinnbildlichte. Auch diese Aktion trug ihr ein verständnisloses Kopfschütteln samt Seufzer von ihrem Gemahl ein. Sisi liebte es, sich bei schweren Stürmen in relativ abgetakelten Kähnen aufs Meer hinausschippern und mit einem Stuhl am Mast festbinden zu lassen, um den wilden Naturgewalten so nah wie möglich zu sein. Sie hielt sich in Griechenland auch gerne in zwielichtigen Tavernen auf und rauchte in der Öffentlichkeit, was für eine Frau damals als extrem unschicklich galt. Auf ihren Reisen,

Franz Joseph I. und Elisabeth

die Franz Joseph als „Wolkenkraxeleien" bezeichnete, trat noch eine Eigenart der Kaiserin zutage: Sie drang für ihr Leben gern unangemeldet in fremde Häuser ein, um dort Unterschlupf zu suchen, etwa bei schlechtem Wetter.

Elisabeths soll sich auch kokainsüchtig gewesen sein. Doch eine Abhängigkeit, wie man sie heute kennt, kann man getrost ins Reich der Mythologie verbannen. Diverse Drogen, wie Kokainextrakte und Morphiumtropfen gegen Schmerzen, oder Cannabispillen gegen Depressionen standen in jener Zeit auf der Medikamentenwunschliste aller Vertreter des Hochadels, wie aus den Rezeptbüchern des Hofes unzweifelhaft hervorgeht.

Zu allem Unglück, freilich nur für Kaiser Franz Joseph, spielte der Sex schon bald nach der Hochzeit keine große Rolle mehr für Sisi und auch Zärtlichkeiten reduzierten sich auf ein Minimum. War Elisabeth zwischen ihren Reisen einmal daheim zu Besuch, beschäftigte sie sich intensiv mit ihren sieben bis acht Doggen und Wolfshunden – und der royale Gatte musste von der Ferne zusehen, da er an einer ausgeprägten Hundephobie litt und sich nicht an die riesigen Vierbeiner herantraute.

Narzisstische Lebemänner an der Macht

Befehlsgewalt und Führerschaft verändern eine Person unweigerlich, was in einem Machtrausch enden kann, häufig in Kombination mit Autoritätsmissbrauch. Das Gefühl, anderen überlegen zu sein und jederzeit alles bestimmen, entscheiden und delegieren zu können, birgt die Gefahr einer erhöhten Bereitschaft zur Korruption durch Macht. Im schlimmsten Fall führt diese Führungsposition vom übersteigerten Selbstwertgefühl über einen ausgeprägten Narzissmus bis hin zur völlig eingeengten Selbstsicht als unfehlbar.

Darüber hinaus sind Machtmenschen häufig unnahbar, eitel und arrogant, jene, die ihr Hauptaugenmerk auf den Erhalt der Vormachtstellung legen, oft egozentrisch, gewissenlos und unberechenbar. Es handelt sich dabei um Mechanismen, die automatisch ablaufen, wenn man sich dessen nicht bewusst wird und aktiv dagegen ankämpft.

Machtbeziehungen existieren in jedem sozialen Gefüge in verschiedensten Ausprägungen – es handelt sich dabei meist entweder um ein Geburtsrecht oder um das Ergebnis harter Arbeit bzw. eines siegreichen Kampfes.

Bei den Habsburgern gab es – durch den Machtanspruch bedingt – jede Menge ausgeprägte Narzissten, die an Eitelkeit, Arroganz und Selbstverliebtheit kaum zu übertreffen waren. Die Selbstdarstellung der Monarchen erfolgte durch das Veranstalten rauschender Feste über von ihnen in Auftrag gegebene repräsentative Bauwerke und Denkmäler bis hin zum Verteilen ihrer Porträts auf Gemälden, Münzen oder

Druckwerken im Volk zur damit verbundenen Demonstration von Reichtum und Macht und Sicherung der Herrschaftsansprüche. Bilder dienten als Stellvertreter des Kaisers, etwa bei Huldigungen, oder als Geschenk nach erfolgreichen Vertragsabschlüssen unter Monarchen. Darüber hinaus spielten Porträts bei der Heiratsanbahnung eine Rolle, da sie zwischen den Höfen ausgetauscht wurden – meist sahen sich Braut und Bräutigam erst bei der Hochzeit von Angesicht zu Angesicht.

Der vermutlich eitelste Pfau im Haus Habsburg war Maximilian I., der sich, wo er stand und ging in Szene setzte, in Pose warf und sich wie ein Produkt zur Schau stellte. Er mischte sich unters Volk, schüttelte Hände, herzte Kinder und machte Scherze mit den Leuten. Er war außerdem ein „minniglicher" Romantiker, zudem für jeden Spaß zu haben und gab für Frauen und Feiern gerne das Geld mit vollen Händen aus, weshalb auch eine Pleite auf die andere folgte.

Trotz aller Lockerheit dennoch von seiner Herrscherrolle besessen, wandte er zum Zwecke des Machterhalts neben an Gesellschaftsspiele erinnernde Heiratsallianzen zahlreiche weitere Strategien an, beispielsweise eine idealisierte Familiendarstellung und die populistische Inszenierung der Monarchie. Darüber hinaus scheute er als Held, als der er sich gerne sah, keine kriegerische Auseinandersetzung und führte innerhalb von 40 Jahren immerhin 25 Feldzüge. Seine Vorliebe für Turniere und ausgezeichnete Reitkünste trugen ihm den Beinamen „der letzte Ritter" ein, der angeblich weder Tod noch Teufel fürchtete. Maximilians teilweise rabaukenhaftes Benehmen und liederliches Lotterleben ließ jedoch vielen seiner Nachfahren die Haare zu Berge stehen, weshalb ihn einige später als „Ritter ohne Furcht und Adel" bezeichneten.

Viel zum Werden dieses eingebildeten Gockels beigetragen hat seine Mutter Eleonore, die nicht wollte, dass aus ihrem Sohn ein ebensolcher menschenscheuer Langweiler würde wie ihr Ehemann. Er selbst verabscheute seinen Vater bereits als junger Mann und bezeichnete Friedrich III. abwechselnd als kleinkrämerischen Geizhals, langweiligen Spießer und feigen Duckmäuser.

Im Alter von 16 Jahren glaubte der blauäugige Junge mit der Wallemähne und dem markanten Höcker auf der Nase mit schwärmerischer

Leidenschaft an die wahre Liebe und schreckte dabei auch vor Rebellion gegen den Standesdünkel nicht zurück. So kam es, dass er sein Herz an die Kärntnerin Rosina von Kraig verlor, die seine Mutter als Gesellschafterin seiner kleinen Schwester, Prinzessin Kunigunde, an den Wiener Neustädter Hof geholt hatte. Maximilian wurde aber bald klar, dass er diese Frau keinesfalls heiraten konnte, wollte er dem römisch-deutschen Kaiserreich, von dem langsam der schillernde Lack abzuplatzen begann, zu neuem Glanz verhelfen. Im Zwiespalt von Gefühl und Kalkül entschied er sich letztlich schweren Herzens für die Verantwortung gegenüber seinem Land.

Nachdem sein Vater die Heirat mit Maria von Burgund, Tochter Karls des Kühnen und reichste Erbin des damaligen Europa, jahrelang mit zäher Geduld vorbereitet hatte, stimmte Maximilian zu, sie zur Braut zu nehmen. Die französische Prinzessin hingegen wünschte sich seit ihrer Kindheit eigentlich einen Minnesänger zum Gemahl – ungeachtet der Tatsache, dass diese Männer ständig unterwegs waren, dabei auf altersschwachen Kleppern durchs Land ritten, in zugigen Wohntürmen abstiegen und dort bibbernd vor Kälte neue Liebeslieder dichteten, um diese danach vor den Fenstern fremder Damen darzubieten. Sie bekam einen Kaisersohn, der sie aufrichtig liebte und zahlreiche Minnelieder nur für sie dichtete, die er ihr in der Wiener Neustädter Burg vortrug, während sie behaglich auf Lammfellen vor einem im Kamin prasselnden Feuer lag.

Mit dieser Ehe tat Maximilian den ersten Schritt in Richtung wohlüberlegter Heiratspolitik und legte so den Grundstein für den späteren Aufstieg der Habsburgerdynastie zu einer Weltmacht.

Nach Marias Tod im Jahr 1482 konzentrierte sich der tief trauernde Regent nur noch auf den Machterhalt und -ausbau seiner Herrschaft. Er entwickelte sich zum manischen Selbstdarsteller, der aus sich einen Mythos kreieren wollte, laufend an seiner eigenen Legende arbeitete und sein Leben inszenierte. Beispielsweise stieg er zur Gämsenjagd mit auffälliger Bekleidung in die steile Tiroler Martinswand und turnte über die Felsen – allerdings nur dann, wenn er dafür Publikum hatte, das ihm bewundernd zujubelte. So konnte er, wie er für seine Biografie notierte, *den Gembs vor so vielen schönen Frauen fällen ohne allen Grauen*. Es kam nicht selten vor, dass sich des „Heiligen

Römischen Reichs oberster Erzjägermeister" in dem Bestreben, sich so gut wie möglich in Szene zu setzen, am Felsen verstieg und gerettet werden musste. Einmal behauptete er, nachdem ihm ein Bauernbursche zu Hilfe geeilt war, ein Engel Gottes oder gar der Herrgott persönlich hätten ihn befreit. Er schrieb im Anschluss ein Epos darüber – und es gelang ihm, aus dieser peinlichen Episode letztlich doch noch eine Heldengeschichte zu machen.

Im Jahr 1492 soll der Regent bei einem Besuch in Deutschland auf dem obersten Turmgeländer des Ulmer Münsters in etwa 70 Metern Höhe vor einer begeisternd jauchzenden Menge einen Kopfstand gemacht haben. Ein anderes Mal, so wird berichtet, hätte er in München einer Löwin das Maul aufgerissen und mit der Hand ihre Zunge herausgeholt. Es heißt, das Tier wäre darüber mindestens ebenso erstaunt gewesen wie das Publikum. Diese tollkühnen Bravourstücke waren so richtig nach Maximilians Geschmack und trugen enorm zu seiner Popularität im Reich bei.

Darüber hinaus plünderte er immer wieder die ohnehin meist leere Staatskasse und ließ beispielsweise Münzen und Plakate mit seinem Antlitz herstellen und Text über seinen Schlag bei Frauen und seine Tapferkeit in den Schlachten im Volk verteilen. Sein Porträt, in riesiger Auflage gedruckt, hing in Wien bald in jeder gutbürgerlichen Stube. Unter anderem aus dem Grund, weil er für seine Selbstdarstellung die modernsten Medien seiner Epoche nutzte, gilt Maximilian als erster Herrscher der Neuzeit. Für die Errichtung imposanter Denkmäler und monumentaler Prunkbauten fehlte dem Kaiser allerdings das Geld – einzig das Goldene Dachl in Innsbruck konnte er finanzieren! Doch Maximilian wusste sich zu helfen und ließ seinen Triumphbau aus Holz herstellen – in Form von 92 übereinandergeschichteten glorifizierenden Bildern mit unzähligen schmückenden Symbolen, die vorwiegend der bekannte Maler Albrecht Dürer anfertigte.

Im Laufe der Zeit steigerte sich Maximilians angeborener Narzissmus in Kombination mit der Entwicklung zum selbsternannten Teufelskerl jedoch zu einem größenwahnsinnigen Gottkomplex, der mit seinem festen Glauben an die Allmacht einherging.

In seinen autobiografischen Heldenepen berichtete er über seinen ritterlichen Mut und sein Talent zum Triumphator. Er vertrat die

Meinung, Ruhm und Image wären alles, und notierte: *Die streitbare Regierung und das künftige Gedechtnus* (Erinnerung) *sind mehr wert denn das Geld. Wer sich im Leben kein Gedechtnus macht, der hat nach seinem Tod kein Gedechtnus, und demselben Menschen wird mit dem Glockenschlag vergessen.*

Als mannhafter Held lebte Maximilian seinen Geschlechtsgenossen „Aventiure" (Abenteuer), „Minne" (Lieben, Frauenverehrung) und „Virtus" (Mannhaftigkeit) vor. Als Spaßvogel, der vollkommen selbstsicher über den Dingen stand, berichtete der Kaiser in seinen Biografien über so manch heitere Begebenheit. So heißt es etwa im „Weißkunig" (= weißer König nach dem silberweißen Harnisch, den er beim Turnier und in der Schlacht trug), dass er im Jahr 1513 in der Schlacht von Guinegate nach dem Sieg über die Franzosen auf dem Schlachtfeld vor Erschöpfung zusammengebrochen und dort inmitten der Leichen eingeschlafen sei.

Auch recht lustig geht es in den Werken „Freydal" („Alles über die ritterlichen Freuden") und „Theuerdank" (= „der an Abenteuer denkt") zu. Im ersten Epos erzählt Maximilian über seine Turniere und Kämpfe zu Ehren von Damen, im zweiten von seiner Brautwerbung, bei der er auf dem Weg zu seiner Angebeteten allerlei kuriose Hindernisse zu bewältigen hatte.

Der Monarch pflegte außerdem bis zu seinem Tod seinen Ruf als majestätischer Zechpreller: Klopfte er mit seinem Gefolge an Stadttore, ließ man ihn zwar meistens ein, allerdings wussten alle, dass er Logis und Zeche für sich und seine Männer nicht zahlen würde. Der Umstand, dass er sich häufig aus dem Staub machte, bevor diverse Schuldner bei ihm Geld eintreiben konnten, trug ihm den Beinamen „der Kaiser mit den fliehenden Sohlen" ein.

Aufgrund der hohen Kosten für seine Selbstbeweihräucherung, des aufwendigen Lebenswandels und der Ausgaben für feudale Feste musste der ständig verschuldete Habsburger immer wieder Geld leihen. Um jedoch nicht aufgrund von Bankrott aus Amt und Würden entlassen und als Regent des Habsburgerreiches abgesetzt zu werden, entwickelte Maximilian auch eine raffinierte Heiratspolitik. Zudem sorgten Kredite des Augsburger Bankiers Jakob Fugger für ein angenehmes Leben.

Im Jahr 1496 fädelte der Kaiser die Hochzeit seines Sohnes Philipp mit Johanna von Kastilien, „der Wahnsinnigen", ein. Ein Jahr später verheiratete er seine Tochter Margarete mit Johannas Bruder, Thronfolger Johann, um seinen Einfluss auf Spanien zu vergrößern. Der Kronprinz verstarb jedoch ein halbes Jahr später an einer fiebrigen Infektion, woraufhin die bereits schwangere Margarete vor Kummer eine Fehlgeburt erlitt. Sie kehrte im September 1499 nach Hause zurück und Maximilian arrangierte unverdrossen die nächste Ehe, dieses Mal mit Philibert II., Herzog von Savoyen. Aber auch dieses Glück war nicht von langer Dauer; drei Jahre nach der Hochzeit erkrankte der Spanier eines Tages plötzlich an hohem Fieber und verstarb nach acht Tagen Todeskampf im Alter von 24 Jahren in den Armen seiner Frau. Margarete wollte sich daraufhin schreiend und vor Gram fast von Sinnen aus dem Fenster stürzen, was rechtzeitig verhindert werden konnte. Die junge Witwe schnitt sich anschließend ihr langes, blondes Haar ab und gelobte, nie wieder zu heiraten. Weder ihr Vater noch ihr Bruder konnten sie zu einer neuen Ehe überreden.

Bei der nächsten von Maximilian I. veranlassten Heirat handelte es sich um die Wiener Doppelhochzeit seiner Enkelkinder im Jahr 1521: Maria von Habsburg wurde mit Ludwig II. von Ungarn, und dessen Schwester Anna mit Maximilians Enkel Ferdinand oder Karl (das stand zu jenem Zeitpunkt noch nicht fest) vermählt. Diese beiden Eheschließungen stellten das Resultat einer Abmachung zwischen Maximilian und Wladislaus Jagiello, dem König von Ungarn und Böhmen, dar: Die Nachkommen beider Clans sollten miteinander verheiratet werden, um gegenseitige Erbansprüche im Falle des Aussterbens zu sichern. Damit war der wahrscheinlich größte Grundstein für die Machtposition der Habsburger gelegt: Maximilians Enkel Karl V. würde als Thronfolger und „Imperator Mundi" (=„Beherrscher der Welt") über ein riesiges Reich herrschen, das sich von den Philippinen über große Teile Europas bis hin zum gerade entdeckten Amerika erstreckte und in dem „die Sonne nie unterging". Mit diesem pompösen Titel ging später allerdings eine erschreckend träge Regentschaft einher, die Lieblingsbegriffe seiner Majestät lauteten nämlich „temporisieren" („hinhalten") und „dissimulieren" („im Unklaren lassen"). Dieser Regent sollte somit nicht als strenger Machthaber, sondern als konfliktscheuer Machterhalter in die Geschichte eingehen.

Indes ging auch Maximilian selbst wieder auf Brautschau und heiratete noch zwei Mal: Im Jahr 1490 die 14-jährige Anna de Bretagne, allerdings nur „per procurationem". Zu einer „echten" Trauung, geschweige denn zur Hochzeitsnacht, kam es jedoch nie. Denn ein Jahr später setzte das Mädchen ihren Pro-forma-Gatten, der sie bis dahin noch nicht aufgesucht hatte, darüber in Kenntnis, dass sie doch lieber den französischen König Karl VII. heiraten würde. Somit war die Ehe der beiden als aufgelöst zu betrachten. Aber Maximilian wäre nicht Maximilian gewesen, wenn er diese für ihn unerfreuliche Geschichte nicht vermarktet hätte, und so brachte er die Abfuhr als unerhörten Brautraub an die Öffentlichkeit.

Schon 1494 feierte der weiterhin heiratswillige Regent seine Hochzeit mit Bianca Maria Sforza von Mailand, die immerhin 400 000 Golddukaten in die Staatskasse brachte. Doch schon kurz nach dem Vollzug der Ehe im März 1494 bekrittelte Maximilian den nur mittelmäßigen Verstand seiner Gemahlin, außerdem ihre Geschwätzigkeit, Naivität, Verschwendungssucht und Schlampigkeit. Er rächte sich, indem er sie angeblich mehrmals als Pfand zurückgelassen hat, wenn er auf Reisen seine Schulden bei einem Wirten nicht bezahlen konnte. Der Kaiser entfremdete sich immer mehr von seiner Gattin und kehrte relativ bald zu seinen zahlreichen „Schlafweibern" zurück, die ihm etliche illegitime Kinder schenkten – insgesamt ist von über 70 Nachkommen die Rede. Von ihrem Gatten völlig vernachlässigt, starb Bianca Maria „aus Lebensüberdruss" in der Innsbrucker Residenz des Monarchenpaars.

Zuletzt plante der sprühende Fantast, sein eigenes prunkvolles Grabmal zu schaffen, für das er sogar eisern sparte: Hundert riesige Figuren sollten sich um sein Denkmal aus Marmor scharen, darunter Sagenhelden, Cäsaren und erfolgreiche Herrscher. Maximilian starb allerdings lange vor Fertigstellung dieses Monuments und wurde 1519 in der St.-Georgs-Kathedrale in Wiener Neustadt bestattet.

Um fast nichts nachgestanden ist dem Meister der Selbstinszenierung der exzentrische Prunkkaiser Leopold I., der sich nahezu immer in Feier- und Spendierlaune befand.

Leopold I.

Der Monarch, der das Reich bis 1705 regierte, zählte zu den unattraktivsten Männern seiner Familie, er war klein und kurzsichtig, hatte schlechte Zähne und ein deformiertes Kinn: „Seine Lippen sind wulstig, wie die eines Kamels. Er selbst kämmt seine Locken und Kringel dauernd mit einem Kamm. Seine Finger sehen aus wie Gurken", äußerte sich gehässig der türkische Gesandte am Wiener Hof. Aber Leopold konnte feiern wie kein Zweiter und liebte es, im Mittelpunkt zu stehen. Zudem trug er stets auffallende Kleidung (siehe Coverbild) und stolzierte damit nicht nur bei offiziellen Anlässen wie ein Pfau übers Parkett, sondern trug sie gerüchteweise auch zu Hause. Kurioserweise soll der extrovertiert wirkende Herrscher Fremden gegenüber anfänglich zurückhaltend, fast schüchtern gewesen sein – ein Verhalten, das ihm häufig als Arroganz ausgelegt wurde.

Leopold I. wusste schon früh, dass er die ursprünglich für ihn vorgesehene kirchliche Laufbahn nicht einschlagen wollte, weil er dabei auf ein glamouröses Leben hätte verzichten müssen. Anstatt zu beten und zu predigen, veranstaltete er lieber feudale Feste mit jeder Menge Prunk, Pomp und Pracht – je größer der Aufwand und je bombastischer das Ergebnis, desto mehr freute sich der Habsburger. Er präsentierte sich als honoriger Regent und gab Unsummen für die Unterhaltung seiner Gäste aus, denen im Laufe der bis in die Morgenstunden dauernden Feiern unvergessliche Augenblicke geschenkt wurden.

Für die anlässlich seiner Heirat mit Margaretha Theresia stattgefundene Aufführung der Oper „Il pomo d'oro", für die er ein eigenes Theater auf dem Platz der heutigen Nationalbibliothek neben der Hofburg hatte bauen lassen, gab er 100 000 Gulden (gerechnet auf die damalige Kaufkraft rund eine Million Euro) aus. Noch teurer kam ihm das von ihm ebenfalls anlässlich der Monate dauernden Hochzeitsfeierlichkeiten dargebotene Rossballett, das die Staatskasse mit 350 000 Gulden belastete. Ausgegeben wurde das Geld für mehr als 1300 Adelige, die als Darsteller fungierten und kostbare Gewänder trugen, Schiffe, die in den Burghof einfuhren, künstlich geschaffene Berge, eine riesige sternenglitzernde Weltkugel, 80 000 Feuerwerkskörper, 73 000 Glutbälle, 300 Riesenraketen, 350 Fanfarenbläser sowie 150 Kesselpaukenspieler und vieles mehr – und über allem schwebte die Vokalfolge AEIOU von Kaiser Friedrich III. als mystisches Symbol des Hauses Österreich. Beim „gran final" stieg Leopold I. als plastische Figur aus einer monströsen Muschel und hielt in der Hand eine leuchtende Perle, auf Spanisch „margarita", zu Ehren seiner frisch angetrauten Gattin.

Auch bei diesem Fest säumten die Wiener, wie bei jeder hochherrschaftlichen Feierlichkeit, die Straßen rund um die Hofburg und bestaunten das Spektakel, während die Majestäten und ihr Hofstaat das Stück auf Emporen unter goldenen Baldachinen verfolgten.

Es gab auch viele kleine Unterhaltungen innerhalb erlauchter Kreise, die Leopold mit Vergnügen organisierte, wie etwa Schlittenfahrten auf eigens aufgeschütteten Schneehügeln in der Hofburg im Winter und Schwimmwettbewerbe in möglichst üppiger Maskerade im Sommer.

Bedeutende Ereignisse hat der royale Lebemann jedes Mal mit Freude allegorisch überspitzt, damit auch wirklich jeder im Reich Kenntnis über seine Machtposition, die er auf diese Weise hervorzuheben pflegte, erlangte. Zudem bestand er darauf, dass seine Gäste bei der Aufführung diverser Veranstaltungen in seiner Residenz so viel wie möglich lachten, da der Kaiser von ihm verursachte Freude als Ausdruck von Verehrung und Huldigung seiner Person interpretierte. Auf diese Weise errichtete sich der unattraktive, aber eitle Monarch ein Denkmal abseits von Politik und Regierungstalent.

Als ihm jedoch für Glanz und Gloria das Geld ausging, versuchte er in seinen Laboratorien, Silber in Gold zu verwandeln – natürlich vergeblich. Was ihm zuletzt blieb, waren bescheidene Abende in der Hofburg mit Freunden bei Keksen und heißer Schokolade, an welchen „Sonette-Improvisation" gespielt wurde: Einer sprach eine Strophe, zu welcher der nächste die Fortsetzung finden musste. Leopold testete mit diesem von ihm erdachten Zeitvertreib sogar seine engsten Berater auf geistige Flexibilität – wer nicht weiterwusste, blieb nicht lange am Kaiserhof.

Auf den Thron folgte dem barocken Prunkkaiser sein Sohn Joseph I., der sich als oberstes Ziel setzte, Ludwig XIV. seinen Platz als Europas glänzendster Monarch streitig zu machen und sich selbst als wahren Sonnenkönig zu präsentieren. Dies wird besonders durch einen von ihm mitgestalteten Entwurf für Schloss Schönbrunn deutlich, mit dem er das Schloss Versailles übertreffen wollte. Um eine glanzvolle Hofhaltung zu demonstrieren, scheute der Kaiser keine Kosten und Mühen – trotz Geldmangels. So verschlangen etwa die bombastisch organisierten Schlittenrennfahrten, an denen der Kaiser selbst teilnahm, bis zu 30 000 Gulden. Er gab zudem sehr viel Geld für seine Zerstreuung aus und beschäftigte beispielsweise 300 Musiker und etliche Sänger. Darüber hinaus überhäufte er seine Freunde, Frauen und Diener mit Geschenken. Eine enorme Staatsverschuldung war die Folge.

Mit anders gearteten Ambitionen, aber ähnlichen Allmachtsvorstellungen ausgestattet war Franz I. Stephan. Während Maria Theresia

Zepter und Krone fest in der Hand hielt und nebenbei die gemeinsamen Kinder großzog, widmete sich der Pro-forma-Kaiser seinen geheimen Forschungen, die naturwissenschaftliche Erkenntnisse über das Universum bringen sollten. Der ehrgeizige Regent hatte sich dafür einen Raum unter dem Pavillon inmitten der Menagerie Schönbrunn eingerichtet, konnte zugleich bei Bedarf auf dessen Dach klettern und mit einem Teleskop die Sterne beobachten. Franz Stephan führte allerdings nicht nur im Tiergarten okkulte Experimente durch, sondern auch in seinem Labor des Kaiserhauses in der Wallnerstraße. Der Monarch wollte den Geheimnissen dieser Welt unbedingt auf die Spur zu kommen und nutzte seine Position und finanziellen Möglichkeiten dafür, die besten Wissenschaftler seiner Zeit an seinen Hof zu holen – so wie schon einige andere Habsburger vor ihm.

Als Gegengewicht zu den streng wissenschaftlichen Forschungen und der geistigen Arbeit schuf sich Franz Stephan auch einen Freiraum als Lebemann – sehr zum Ärger seiner Gattin Maria Theresia. Diese hat als hart arbeitende Frau mit Sicherheit nur einen kleinen Teil der royalen Abenteuer ihres Gemahls im nächtlichen Wien mit Wein, Weib und Gesang mitbekommen. Die meisten Eskapaden leistete sich der Teilzeit-Schwerenöter, wie schon erwähnt, mit seinem Bekannten Giacomo Casanova, wenn dieser gerade in der österreichischen Hauptstadt weilte. Die beiden Gentlemen verstanden sich großartig, während die Kaiserin dem Frauenflüsterer am liebsten die Augen ausgekratzt hätte.

Franz Stephan hatte in einer der vielen verwinkelten und spinnenverhängten Ecken der Hofburg eine geheime „Schneckentreppe“ – aufgrund der dort hinauf und hinab eilenden Hoflieferanten süßer Köstlichkeiten auch „Zuckerbäckerstiege“ genannt – einrichten lassen. Über diese gelangte der umtriebige Monarch heimlich aus seinen Gemächern, um in der nächtlichen Stadt, die damals rund 280 000 Einwohner zählte, Abenteuer zu erleben oder dunklen Geschäften nachzugehen. Am Ende dieses wendelartigen Stiegenabgangs musste Casanova hin und wieder auf den Kaiser warten, bis dieser unbemerkt aus den ehelichen Gemächern verschwinden konnte, um sich in Gesellschaft des Filous anonym auf den Spittelberg zu begeben. In diesem Teil Wiens trieb sich damals zwielichtiges Gesindel herum, jedoch befanden sich dort in den Hinterzimmern verrauchter Gasthäuser die meisten Spielsalons und Freudenhäuser. Hin und wieder leisteten sich die beiden auch eine „Porzellanfuhre" – einen Fiaker, in der eine Prostituierte auf ihren Freier wartete. Der Kutscher durfte sich nicht umdrehen und hatte das fahrende Stundenhotel so sanft durch die Straßen zu bewegen, als würde er eine Ladung kostbares Porzellan befördern.

Die „Schneckentreppe" nutzte später übrigens auch Franz Stephans Sohn Joseph II., ebenfalls um der Aufsicht von Maria Theresia zu entfliehen.

Dominanz, Kontrolle und Fanatismus versus Laissez-faire

Unter Dominanz versteht man die Fähigkeit, seine Mitmenschen dazu zu bringen, sich unterzuordnen und die Autorität anzuerkennen, die man ausübt. Somit müssen Machtmenschen vor allem diese Qualifikation besitzen, um ihre Position zu erreichen, zu halten und zu verteidigen. Die Frage ist also nicht, ob, sondern wie eine Person andere dominiert und ihnen ihren Willen aufnötigt, etwa mittels zermürbendem Psychoterror, Druck, Androhung unangenehmer Konsequenzen im Verweigerungsfall und sogar körperlicher Gewalt. Nicht selten sind dabei sogar harmlose Anordnungen mit Kontrollmaßnahmen und auch -verlusten verbunden, die von tief verwurzeltem Misstrauen zeugen.

Den Machtmenschen, die aus Gründen beruflicher Erfordernisse Dominanz ausüben oder sich aus einem Gefühl der Minderwertigkeit heraus zwanghaft Respekt verschaffen wollen, stehen Personen gegenüber, die bewusst auf Regulative verzichten, gesellschaftliche Vorgaben ignorieren und sich liberal gegenüber ihren Mitmenschen verhalten.

Zu Zeiten der Habsburgermonarchie zählten die erwähnten Maßnahmen zur Machtausübung zum Handwerkszeug eines Herrschers und wurden nur selten hinterfragt. Einhergegangen ist dieser allumfassende Anspruch von Gehorsam mit rigoroser Pflichterfüllung, gewürzt mit einer Prise Fanatismus, um die eiserne Disziplin, die die

Vormachtstellung erforderte, konstant zu halten. Aber es gab natürlich auch andere Habsburger, die nicht verbissen ihren Rang verteidigten, um ihrem Familiennamen alle Ehre zu machen, sondern das Dasein eines reichen Schnösels genossen.

Kaiserin Maria Theresia galt im barocken Wien als überfürsorgliche, teilweise schon fanatische Mutterglucke. Sie betonte häufig, dass sie nur deshalb so gut regieren konnte – während sich ihr Gatte lieber als Gelehrter, Forscher und Lebemann sah –, weil sie sich durch die liebevolle häusliche Atmosphäre im Kreis ihrer Familie bestärkt fühlte. Sie schwang ihr Zepter streng gegen ihre Widersacher, zeigte sich ihrem Volk gegenüber jedoch meist mild und gütig – solange man sich ihrem Willen beugte und den teilweise altbackenen Moralvorstellungen gerecht wurde.

Ihre bürgerlich-harmonische Ehe mit Franz I. Stephan stellte die Landesmutter teilweise durchaus propagandistisch zur Schau, damit sich die aufmerksamen Blicke der Bürger an der Idylle erfreuten, und nicht auf etwaige Skandale im Haus Habsburg gelenkt wurden. Die beiden Royals sorgten bald für Nachwuchs, wobei von den 16 geborenen Jungen und Mädchen innerhalb von 19 Jahren aufgrund der damals hohen Kindersterblichkeit nur zehn das Erwachsenenalter erreichten. Dies hat man nicht als große Tragödie empfunden, sondern vielmehr als gottgegeben hingenommen, weshalb ganz pragmatisch auch die Namen der verstorbenen Kinder wieder vergeben wurden. Ähnlich unaufgeregt wurden später auch die Ehemänner unter Maria Theresia Töchtern „weitervererbt".

So, wie die Regentin sich als perfekte Ehefrau vermarktete, tat sie es auch mit ihrer Rolle als Mutter. In zahlreichen Berichten von Gästen am Wiener Hof ist zu lesen, wie sich Maria Theresia im Kreise ihrer Sprösslinge inszenierte. Sie wollte ihre Söhne und Töchter zu perfekten kleinen Menschen formen und strebte dies mit fast krankhaftem Ehrgeiz und fanatischer Dominanz an. Die Kaiserin sah in ihren Kindern in erster Linie Vertreter der Dynastie, die sich im Rampenlicht der höfischen Öffentlichkeit stets ihrer hohen Herkunft bewusst sein und den Anforderungen, die man aufgrund ihrer gesellschaftlichen Spitzenstellung an sie richtete, zu entsprechen hatten.

Die royalen Sprösslinge wurden elitär und streng erzogen, es herrschte seitens der Mutter eine kontrollierte Dominanz und steife Disziplin. Zudem ließ sie vor allem ihre Töchter zu jeder Zeit überwachen, knüpfte ein regelrechtes Spitzelnetz um die Mädchen. Jedes Kind musste mehrere Sprachen lernen, ausnehmend wohlerzogen sein und zugleich alle mit seinem Charisma in seinen Bann ziehen. Zudem sollte der Nachwuchs kulturell gebildet sein und gut schauspielern können, weshalb er auch öfter bei Theateraufführungen mitwirkte.

„Spectacle müssen sein, ohne dem kann man nicht hier in einer solchen großen Residenz bleiben", meinte Maria Theresia, die sich ebenfalls manchmal als Laiendarstellerin betätigte. Im Burgtheater spießte die Kaiserin bei der Aufführung der Oper „Die Entführung aus dem Serail", gekleidet in Pluderhosen und Seidengewändern mit Pelzkragen, nachgebildete Osmanenschädel auf.

Natürlich mussten die Kinder ihrer Majestät sich auch zum Menuett bewegen können – so wie auch die Frau Mama auf höfischen Festen gerne das Tanzbein schwang und „diese Art der Raserey" sehr vergnüglich fand.

Betreffs perfekter Konversation maßregelte die Kaiserin einmal ihre Tochter Maria Amalia mittels schriftlichem Verhaltenskatalog: *Eure Redeweise ist alles andere als gut, besonders wenn Ihr französisch sprecht. Das ist nicht meine Schuld, wie oft habe ich Euch gepredigt und Euch Wege gewiesen, darin besser vorwärts zu kommen, doch ohne Erfolg. Je weniger Ihr redet, um so besser wird es sein. Denn ich kenne Eure Art zu plaudern und muß Euch in aller Freundschaft sagen, daß sie recht langweilig und mit allen möglichen Phrasen geschmückt ist.*

Vor allem um die Wirkung ihrer Töchter auf die Gesellschaft sorgte sich Maria Theresia, so schrieb sie an Marie Antoinette nach Frankreich: *Madame meine teuere Tochter, ich bitte Sie, mir aufrichtig zu sagen, ob Sie besser tanzen als hier.*

Aber auch bei den Söhnen lief in Sachen Benehmen einiges schief und war die „wohlfeile Erziehung" nicht unbedingt immer von Erfolg gekrönt, wie sich die gestrenge Frau Mama eingestehen musste. So fürchteten die Mitarbeiter am Hof vor allem den kleinen Joseph II., der so gerne Streiche spielte und beispielsweise den an ihren Schreibtischen eingenickten Sekretären die gepuderten Zöpfe abschnitt. Der

Kaisersohn meinte später auch einmal von seinem Lehrer, einem alten Offizier, nichts gelernt zu haben, außer zu sagen „Leck mich am Arsch". Zugleich wurde der kleine Thronfolger auch von allen verhätschelt, was anerzogenen Jähzorn zur Folge hatte, den sich Joseph auch als Erwachsener nicht mehr abgewöhnte. Wenn ihm etwas nicht passte, verfinsterte sich schlagartig seine Miene, die Oberlippe krümmte sich nach oben, bis man die Zähne sah, und er stampfte zornig mit dem Fuß auf – nicht sehr majestätisch, wie manch ein kritischer Zeitgenosse des Kaisers bemerkte.

In der habsburgischen Residenz herrschte, auch was die körperliche Ertüchtigung betraf, ein eiserner Drill. Bereits in den frühen Morgenstunden turnte ein Erzieher mit den Sprösslingen, und auch während des Unterrichts im Schulzimmer hatten zwischendurch immer wieder Leibesübungen stattzufinden. Selbige Disziplin galt für die Hygiene: Die kleinen Hände wurden ständig geseift und geschrubbt, die Haare täglich mehrmals gewaschen, und zwei Mal pro Woche kam ein Dentalkundiger an den Hof geeilt, um die Beißerchen der lieben Kleinen zu kontrollieren. Fand der Zahnarzt ein Loch, wurde erbarmungslos gebohrt und gerissen, damit sich die „Fäule nicht ausbreiten" konnte. Ihre eigenen Zähne, vom vielen Naschen angegriffen, vernachlässigte Maria Theresia hingegen sträflich.

Ihre Schwiegertochter, Isabella von Parma, die Gattin von Joseph II., äußerte einmal kritisch, dass Maria Theresia kein Vertrauen in ihre Kinder hatte, ihnen teilweise spürbare Kälte entgegenbrachte und ihre Liebe zudem ungerecht verteilte. Das sollte sich später bestätigen, als sich ihre Lieblingstochter Maria Christina trotz der strengen habsburgischen Heiratspolitik ihren Ehemann selbst aussuchen durfte, während Maria Antonia mit Ludwig XVI. zwangsverheiratet und als Marie Antoinette mit ihm während der Französischen Revolution hingerichtet wurde.

In der Beziehung zu ihrem Sohn Joseph II. entwickelte sich Maria Theresia zu einem regelrechten Kontrollfreak. Der sehnlichst erwartete erste Sohn sicherte die Fortsetzung der habsburgischen Linie im Land. Schon kurz nach seiner Geburt hatte der kleine Prinz in Hosen in den Nationalfarben von Ungarn posieren müssen, um die reichen Magnaten dieses Landes zu beeindrucken und deren Gunst zu erwerben.

Auf seinen Reisen als „Graf von Falkenstein" befand er sich nicht selten auf der Flucht vor der „Ansammlung von alten Damen" am Hof, vor allem aber vor seiner Mutter, die das majestätische Zepter inoffiziell bis zu ihrem Tod nicht aus der Hand gab, obwohl sie offiziell gemeinsam mit ihrem Sohn gleichberechtigt regierte. Doch sogar in der Ferne wurde Joseph von Maria Theresia überwacht, die ihm in Frankreich ein Treffen mit dem „staatsfeindlichen Aufklärer" Voltaire verbot, für dessen Theorien sich der junge Habsburger interessierte. Kaum ein Herrscher hat jedenfalls den Elfenbeinturm der Monarchie lieber verlassen als Joseph II.

Weniger ein despotischer Sittenwächter und autokratischer Perfektionist, als vielmehr ein Jagdfanatiker war Thronfolger Franz Ferdinand, der auf alles schoss, was ihm vor die Flinte lief oder flog – und auch traf. Im Vergleich zu seinem Onkel Kaiser Franz Joseph I., der es in rund 75 Jahren auf 55 000 getötete Tiere brachte, erlegte sein schießwütiger Neffe in etwa 30 Jahren 274 889 Stück Wild. Im Jahr 1908 holte er mit seinem Gewehr an einem einzigen Sommertag 2763 Lachmöwen vom Himmel – die Gehilfen, die bei dem Gemetzel seine Schnellschussgewehre nachluden, mussten anschließend die Kadaver zählen. Historiker bezeichnen seine „Leistung" auf diesem Gebiet als „feudale Massenschlächterei" und sind der Meinung, dass bei ihm die Menge an erlegten Tieren im Vordergrund stand, und nicht die Freude an der Pirsch. Ein Freund der Familie soll einmal gesagt haben, dass der Thronfolger beim Schießen komplett seinen sonst ihm eigenen Gleichmut und Pragmatismus verliere und wie ein Berserker herumknalle.

Franz Ferdinand tapezierte mit seinen Jagdtrophäen einst die Wände seiner Residenzen, viele davon – von A wie Adler bis Z wie Zebra – befinden sich heute auf Schloss Konopiště südöstlich von Prag. Ebenso lagern dort Kataloge, in welchen der Erzherzog akribisch seine Erfolge als Waidmann notierte, sowie Fotos seiner Jagdreisen rund um die Welt, die ihn stets stolz neben seiner Beute stehend zeigen.

Häufig prahlte der Thronfolger in geselliger Runde und wettete mit seinen Trinkkumpanen, dass er eine in die Luft geworfene Münze im Flug treffe – er gewann immer und demonstrierte mit stolzgeschwellter Brust sein Können. Einmal, so erzählte man sich, lag er krankheitsbedingt auf einem Liegestuhl im Garten und stutzte mit seiner Pistole nach Anweisung des Gärtners einen Baum.

Doch dann schoss Franz Ferdinand gegen den Rat seiner Begleitung und allen Warnungen zum Trotz am 27. August 1913 im Salzburger Blühnbachtal eine weiße Gams, ein mythologisches Wesen, das unter dem Schutz von Naturgeistern stehen soll. Im Volksglauben heißt es, dass jeder, der nur zum Spaß ein solches Tier erlegt, innerhalb eines Jahres sterben wird und ebenso deren liebste Person. Zwei Monate vor Ablauf der einjährigen Frist fielen der Erzherzog und seine Ehefrau dem Attentat in Sarajevo zum Opfer. Das erlegte weiße Gams ist im Salzburger „Haus der Natur" ausgestellt.

Soweit bekannt wurde, hat Franz Ferdinand nie danebengeschossen – anders als einige seiner Vorfahren. Kaiser Karl VI., der Vater Maria Theresias, war ebenfalls für seine Jagdleidenschaft bekannt, offenbar traf er aber nicht so genau. Und so kam es im Jahr 1732 zu einem tragischen Unfall, als der kurzsichtige Regent, anstatt des von ihm anvisierten Hirsches, seinen Oberstallmeister Adam Franz Fürst von Schwarzenberg traf und tödlich verwundete.

Kein Fanatiker, sondern ein Bohemien sowie intellektueller und alternativ gesinnter Aristokrat war der umtriebige Ludwig „Luigi" Salvator. Als Aussteiger und Mittelmeerforscher startete er eine Karriere der anderen Art, avancierte dabei zu einer Ikone der Wissenschaft und pfiff dafür auf Geld und Adelstitel.

Der zweitjüngste Sohn des regierenden Großherzogs von Toskana genoss am Hof seiner Eltern eine liberale, kunstsinnige und humanistische Erziehung. Aufgrund der Vertreibung der verhassten Österreicher aus Italien übersiedelte die Familie nach Wien, doch richtig wohl fühlte sich der freigeistige junge Mann am österreichischen Hof mit seiner überzogenen Etikette nie. So entwickelte er sich, da für ihn ohnehin keine tragende Rolle in der Monarchie vorgesehen war, zum passionierten Naturwissenschaftler und Globetrotter.

Von Kaiser Franz Joseph I. „beurlaubt", ließ sich Ludwig Salvator eine Dampfjacht bauen, taufte sie auf den Namen „Nixe" und befuhr damit unter dem Pseudonym „Ludwig Graf Neudorf" die sieben Weltmeere. Bei seinen Reisen erforschte der „grüne Spinner", wie er in Wien genannt wurde, die Natur, sammelte Insekten und führte

Erzherzog Franz Ferdinand

penibel Buch über seine Erfahrungen. An Bord des Schiffes befanden sich etwa zwanzig Personen sowie Affen, Hunden, Katzen und Vögel, sodass die „Nixe" spöttisch als „Arche Noah" bezeichnet wurde. Die bunt zusammengewürfelte Besatzung erregte in den Häfen stets große Aufmerksamkeit. An Land unternahm Ludwig Salvator in Begleitung seines Sekretärs und eines ortskundigen Führers ausgedehnte Wanderungen, wobei er die Landschaft, Bevölkerung und Kultur in allen Details beschrieb. Er hatte stets ein kleines Tuschefässchen in der Form eines Globus, Feder und Papier dabei und notierte eifrig seine Eindrücke.

Berühmt-berüchtigt war die bunte, nachlässig wirkende und manchmal abgewetzte Kleidung des Adeligen, der am liebsten bequeme Leinenhosen und Sandalen trug. Es kam vor, dass er von den Einheimischen mit einem Schiffsbediensteten oder Landarbeiter verwechselt wurde. Besonders belächelt hat man seine Vorliebe, die Manschetten seiner Hemden statt mit Knöpfen mit Spagat zuzubinden. Ludwig hielt sich gerne in der Gesellschaft einfacher Menschen auf, „von denen man oft mehr lernen könne, als von so manchem Gelehrten".

Im Sommer des Jahres 1867 landete der Weltenbummler an der Küste von Mallorca und begann dort voller leidenschaftlicher Präzision, Daten und Informationen über die damals noch recht unerforschten Balearen zu sammeln. Er erkundete Flora und Fauna ebenso wie urtümliche Sitten, Gebräuche und Lebensumstände der Bewohner, und schrieb darüber sieben Chroniken. Im Laufe von 30 Jahren kaufte der Habsburger, der auf der spanischen Insel respektvoll „Archiduque" genannt wurde, nach und nach einen ganzen Küstenstrich, zwischen den Orten Valldemossa und Deiá. Auf dem Gebiet durfte kein Haus gebaut werden und die Natur musste in ihrem ursprünglichen Zustand belassen werden. Außerdem entschied der überzeugte Pazifist, dass alle Tiere, die dort nicht zu Nahrungszwecken gehalten wurden, bis zu ihrem natürlichen Tode ein friedliches Leben genießen sollten.

Der Erzherzog war sehr bescheiden, so soll er einmal einem mallorquinischen Bauern geholfen haben, dessen festgefahrenen Karren aus dem Morast zu ziehen. Als ihm der ein Trinkgeld für seine tatkräftige Unterstützung gab, meinte Ludwig mit vor Stolz strahlender Miene: „Mein erstes selbstverdientes Geld."

Mit der Tischlertochter Catalina Homar stieg der Habsburger später in das Winzergeschäft ein, machte sie zur Verwalterin seiner Weingüter und erhielt für seine edlen Tropfen aus Malvasier-Trauben Preise im In- und Ausland.

Ludwig Salvator war auch ein Großcousin und zugleich guter Freund von Kaiserin Elisabeth, die sich mit ihm auf einer Wellenlänge befand, speziell was die Liebe zum Ozean und die Reiselust betraf. Sie besuchte den Erzherzog zwei Mal mit ihrer Yacht „Miramar" auf Mallorca. Gemunkel im Volk und Klatsch in Adelskreisen verursachte besonders ihre Abwesenheit am Heiligen Abend des Jahres 1892, ihrem 55. Geburtstag, den sie statt mit ihrem asketisch lebenden Mann im kalten Wien lieber mit dem allen Sinnesfreuden aufgeschlossenen Italiener feiernd unter der Sonne Spaniens verbrachte. *Ich hoffe, dass der dicke Luigi für Dein Wohlergehen sorgt*, telegraphierte der besorgte Franz Joseph. Was damals kaum jemand ahnte und vor allem niemand zu benennen wusste: Der Erzherzog litt an der Krankheit Elefantiasis, ein Mitbringsel aus einem der Länder, die er bereist hatte, weshalb sein gesamter Körper mit zunehmendem Alter zu einer gewaltigen Masse anschwoll.

Ludwig Salvator, der österreichische Nautiker, Ethnologe und Botaniker, der als romantischer Schwärmer und Träumer galt und zudem Sammler, Dichter und Illustrator war, finanzierte sein Leben im heißen Süden und seine Besitzungen jedenfalls mit Krediten der Habsburger und kann als der erste ausländische Immobilieninvestor auf der Baleareninsel bezeichnet werden. Es flossen Millionen aus den Kassen der k. k. Monarchie auch in den Schutz der Natur. Zudem lockte der sanfte Erzherzog, der durchaus als Lebenskünstler bezeichnet werden kann, die ersten Touristen an und ist somit mitverantwortlich für den heutigen Zustrom auf die Insel. Sein einstiges Landhaus S'Estaca befindet sich heute im Besitz des US-Schauspielers Michael Douglas. Seine Lieblingsresidenz Son Marroig, ein Landgut an der Straße zwischen Valldemossa und Deià, ist öffentlich zugänglich.

Durchtriebene und trickreiche Schurkenstücke

Viele Personen sind von Habgier, Eifersucht und Neid getrieben, und diese Charakterschwächen führen in manchen Fällen zu gemeinen Missetaten, hasserfüllten Racheaktionen oder heimtückischen Verbrechen. In manchen Fällen sind die Vorgehensweisen besonders hinterhältig und verursachen weniger materiellen Schaden als einen Verlust des Vertrauens und Glaubens an Freundschaft, Fairness und die eigene Menschenkenntnis.

Auch die Habsburger waren in zahlreiche Verbrechen verwickelt, von arglistiger Täuschung über Betrug und Diebstahl bis hin zu Mord – als Täter wie als Opfer.

Herzog Albrecht I., Sohn von Rudolf I., wurde Ende des 13. Jahrhunderts deutscher König und verfolgte ab jenem Zeitpunkt eine strenge Erbpolitik, für die er sich sogar mit dem König von Frankreich verbündete. Im Zuge dieses Paktes schob er einige seiner Verwandten allerdings rücksichtslos aufs Abstellgleis. Sein Neffe Johann wollte sich jedoch nicht mit Almosen abspeisen lassen. Nach dem Tod seiner Mutter Agnes, Tochter König Ottokar II. Přemysl von Böhmen, drängte er seinen Onkel immer wieder auf Herausgabe seines väterlichen Erbes, das ihm wegen des Verzichts auf die Mitherrschaft zugestanden wäre.

Der schlaue Albrecht jedoch vertröstete seinen Neffen immer wieder, weshalb dieser in der Bevölkerung schon als *hertzog anlant* (Herzog ohne Land) verspottet wurde. An einem Abend im Mai 1308 riss dem Gedemütigten bei einem von seinem Onkel veranstalteten Gastmahl in Winterthur (Schweiz) der Geduldsfaden: Zu später Stunde warf er dem König seinen Blumenstrauß, den er wie jeder andere Gast zum Abschied erhalten hatte, ins Gesicht und schrie: „Ich bin zu alt, um von dir mit Almosen abgespeist zu werden. Ich will, was mir von Rechts wegen zusteht!" Albrecht zog sich daraufhin beleidigt in seine Gemächer zurück, nicht ohne zuvor erwidert zu haben: „Nur über meine Leiche!" Da für den 18-Jährigen das Maß nun endgültig voll war, verschwor er sich mit einigen schwäbischen Rittern gegen seinen Onkel, den König. Als sich Albrecht I. am folgenden Tag nach einem Geschäftstermin auf dem Heimweg befand und gerade einen Fluss überquerte, lauerten ihm die Männer auf und stellten ihn. Johann ritt auf seinen Onkel zu und spaltete ihm unter lautem Gebrüll mit seinem Schwert den Schädel. Er erhielt daraufhin den Namen Parricida, (lat. für „Verwandtenmörder").

Johann floh mit seinen Komplizen, wurde ein Jahr später jedoch vom neuen König Heinrich von Luxemburg, der das Familienvermögen konfisziert hatte, geächtet. Er musste sich in den Wäldern verstekken, da ihn auch Albrechts Tochter Agnes mit ihrem Hass quer durch das ganze Land verfolgte. Der Mörder hatte schon bald seine Männer verloren, schlug sich tagelang alleine ohne Nahrung durchs Unterholz und verkroch sich nachts in dunklen Höhlen. Als Agnes aufgab und unverrichteter Dinge an den elterlichen Hof zurückkehrte, warf sich Johann als Augustinermönch verkleidet zu Heinrichs Füßen und winselte um Gnade, woraufhin dieser die Ächtung aufhob. Der Mörder wurde zu einem Dasein als Mönch verdammt und ins Benediktinerkloster der Stadt gebracht, wo er bis zu seinem Tod verweilte.

Als größte Tücke und vor allem geschickteste List des Mittelalters gilt die Urkundenfälschung „Privilegium maius" (beruhend auf einem Schriftstück aus dem Jahr 1156, dem „Privilegium minus"), durch die das Haus Habsburg eine Reihe von Privilegien erlangte bzw. in dem bereits gewährte Sonderrechte schriftlich bestätigt und zusammengefasst wurden.

Entstanden war die Idee, nachdem Karl IV. aus dem Geschlecht der Luxemburger in seiner „Goldenen Bulle" hatte festlegen lassen, welche Kurfürsten den Kaiser wählen durften, ohne dabei allerdings Österreich miteinzubeziehen. Karls Schwiegersohn, dem Habsburger Rudolf IV., gefiel das gar nicht, woraufhin er kurzerhand ein Dokument fälschte, um einem Machtverlust entgegenzuwirken. Das Schriftstück bescheinigte den Herzögen seiner Familie die Verleihung des frei erfundenen Titels „Erzherzog", der sowohl eine Rangerhöhung als auch eine Ausstattung mit Zusatzrechten vorsah und sie den Kurfürsten im Heiligen Römischen Reich gleichstellte.

Rudolfs Neffe, Herzog Ernst „der Eiserne", war der erste Erzherzog im Land. Als man dessen Sohn Friedrich III. als ersten Habsburger zum Kaiser wählte, nutzte er seine Position sofort aus und ließ Mitte des 15. Jahrhunderts das „Privilegium maius" mit Zustimmung einiger Kurfürsten offiziell bestätigen, wodurch der geschaffene Titel „Erzherzog" auch reichsrechtlich anerkannt werden musste und Österreich zum Erzherzogtum wurde. Seit dieser Zeit hießen alle Fürstensöhne und -töchter der Dynastie Erzherzog und Erzherzogin.

Rudolf IV. ist auf dem einzigen von ihm erhaltenen Porträt mit einer Erzherzogkrone dargestellt – die es damals gar nicht gab. Erst im Jahr 1616 hat Maximilian III., Erzherzog von Tirol, den „Erzherzogshut" als gültige österreichische Krone anfertigen lassen.

Aber nicht nur mit Betrug musste sich Kaiser Friedrich III. befassen, sondern auch mit Eifersucht und Hass, ausgehend von seinem Bruder Albrecht VI., der ebenfalls auf den Thron wollte. Auf die Idee, dass dessen Anspruch auf eine Mitherrschaft in den „österreichischen Erblanden" oder wahlweise auf ein eigenes Herrschaftsgebiet nicht unberechtigt war, kam der Kaiser erst gar nicht. Nachdem sich Albrecht aus Wut auf die Seite von Friedrichs Gegnern geschlagen und die Burg in Wiener Neustadt mit Kanonen hatte beschießen lassen, machte der ansonsten eher lethargische Monarch kurzen Prozess. Er dürfte einige Gauner gedungen haben, die ihm den unliebsamen Widersacher aus dem Weg schafften; jedenfalls konnte Albrechts plötzlicher und rätselhafter Tod nie aufgeklärt werden. Der hinterlistige Kaiser verkaufte dem Volk das Ableben seines Bruders als Strafe Gottes wegen Throneids und verantwortungslosen politischen Handelns.

Jedoch war diese resolute Vorgehensweise eher unüblich für den an sich eher lethargischen Friedrich III., dem nicht selten die Felle davonschwammen, weil er absolut kein Talent zum Herrschen hatte. Um sich dennoch bei Seinesgleichen durchzusetzen und auch das Volk hin und wieder daran zu erinnern, dass er die Allgewalt besaß, griff er zu einem Trick: Wer seine Regeln missachtete oder Gesetze brach, wurde vorerst nicht bestraft, sondern in Sicherheit gewiegt. „Die Rache ist die Wirtschafterin der Zeit", stand im Notizbuch des Kaisers, und daran hielt er sich auch – er zog die Betreffenden erst dann zur Rechenschaft, wenn sie dachten, noch einmal davongekommen zu sein. Zudem säte der Habsburger still und leise Zwietracht zwischen jenen, die sich in ihrer Abneigung gegen ihn einig waren. Bis eine der beiden Seiten seine Hilfe im Kampf gegen die andere benötigte und ihn um Unterstützung bat – woraufhin der Kaiser freundlich, aber bestimmt darum ersuchte, den Streit ohne sein Zutun, und wenn möglich ohne Waffengewalt, beizulegen; oder er half und forderte anschließend eine Gegenleistung dafür.

Einige Jahre nach dem Tod seines Bruders wurde der pfiffige Kaiser selbst Opfer einer Täuschung. Friedrich hatte eine hübsche Tochter namens Kunigunde, die recht ungezwungen aufwuchs – bis sie ins heiratsfähige Alter kam. Sie hätte gerne Matthias Corvinus geheiratet, der 1470 um sie warb und beim Herrn Papa um die Hand des hübschen, damals erst fünfjährigen Mädchens anhielt. Doch der König von Ungarn passte nicht in die kaiserlichen Pläne, weshalb die 15-Jährige nach ihrem ersten offiziellen Auftritt in der Wiener Hofburg nach Graz geschickt wurde, um ihren Liebeskummer zu verwinden. Dort wurde sie am Hof von Graf Ulrich III. fast Opfer einer Verschwörung, die von dem Edelmann rechtzeitig aufgedeckt werden konnte, was der

Rudolf IV.

Prinzessin das Leben rettete. Friedrich ließ seine Tochter daraufhin nach Innsbruck zu Herzog Siegmund bringen, dem er in Freundschaft verbunden war. Dort lernte sie den 18 Jahre älteren bayrischen Herzog Albrecht IV. kennen, der sich von der Heirat einen Machtgewinn erhoffte. Und Kunigunde war mit der Ehe ebenfalls einverstanden. Doch noch während der tagelang dauernden Heiratsverhandlungen besetzte der Bräutigam in spe die Reichsstadt Regensburg, woraufhin der Kaiser die fast schon erteilte Einwilligung zur Hochzeit wieder zurückzog. Kunigunde wurde Spielball des machtpolitischen Kräftemessens und fand sich damit ab, nun doch nicht zu heiraten. Albrecht dachte jedoch gar nicht daran, aufzugeben, verbündete sich mit Siegmund und legte der verwunderten jungen Frau eine gefälschte Einwilligung Friedrichs III. in die Hochzeit vor. Kunigunde fügte sich dem scheinbaren Willen ihres Vaters und ehelichte den Betrüger. Der Kaiser tobte, als er von der Trauung erfuhr, und verstieß seine Tochter, von der er annahm, dass sie von dem Schwindel gewusst hatte. Eine Aussöhnung zwischen den beiden fand erst fünf Jahre später im Jahr 1492 statt, von Maximilian I., Kunigundes Bruder, eingefädelt. Sein Schwiegersohn jedoch blieb Friedrich III. bis zu seinem Tod verhasst.

Eine im krassen Gegensatz zu seiner beruflichen Durchtriebenheit stehende kindlich List wandte Friedrich III. in seinem Privatleben an: Als den alternden nörgelnden Griesgram in seinen späten Jahren kaum jemand mehr ertrug, ihm sogar die Dienstboten wegzulaufen drohten, versteckte der Kaiser in den Räumen seiner Burgen winzige Goldschätze als Köder, die man behalten durfte, wenn man sie fand. Das funktionierte – zumindest eine Zeit lang. Als sich das royale Manöver erst einmal herumgesprochen hatte, verstaubten seine Gemächer wieder zusehends. Auch gekocht wurde nicht mehr so richtig. Der Kaiser ernährte sich daher recht einseitig und verstarb dann auch tatsächlich nach dem Verzehr einer übergroßen Menge von Melonen. Geschwächt von einer kurz zuvor erfolgten Beinamputation aufgrund von Altersbrand, von der er sich in seinem biblischen Alter von 78 Jahren nicht mehr erholte, raffte ihn der einsetzende ruhrartige Durchfall nach der Obstorgie endgültig dahin. Der abgenommene Körperteil wurde mit ihm zusammen bestattet.

Ein übles Schurkenstück verübte Karl V., der Sohn Philipps I. und der „verrückten" Johannas von Kastilien. Nachdem Philipp verstorben war, wusste sich auch der neue Kaiser nicht anders zu helfen, als seine verrückte Mutter wegzusperren. Es wurde der armen Frau verschwiegen, dass ihr Vater Ferdinand II. von Aragón verstorben war, damit sie nicht auf die Idee kam, Ansprüche auf eine Mitregierung zu stellen. Als sie jedoch begann, unangenehme Frage zu stellen, dachte sich Sohn Karl eine besonders bösartige Ablenkung aus. Er ließ kurzerhand seine Schwester Katharina, von der Mutter liebevoll Catalina genannt, entführen, an der Johanna besonders hing. Seine Männer raubten das zu jenem Zeitpunkt elfjährige Mädchen in der Nacht und brachten es weg. Doch die Kleine wollte wieder zurück, und so gab der Kaiser den großen Retter und behauptete, er hätte seine Schwester aufgespürt und heimgebracht. Seine Mutter glaubte ihm und fragte nicht mehr nach ihrem Vater und einem möglichen Erbe.

Karls Sohn Philipp II. von Spanien bediente sich Ende des 16. Jahrhunderts ebenfalls einer List – allerdings nicht, um das Pendel zu seinen Gunsten ausschlagen zu lassen, sondern um seinem Nachfolger den Start als Herrscher zu erleichtern. Als der alte Monarch fühlte, dass sein Tod nahte, forderte er eine große Summe Geldes von seinen Untertanen. Die Bürger maulten und jammerten, da es ihnen schwerfiel, den hohen Betrag in der vollen Höhe zu erstatten, und begannen widerwillig, zu sparen. Danach ließ der König seinen Sohn zu sich rufen und empfahl ihm, gleich nach Regierungsantritt seinen Befehl zu widerrufen. So geschah es, und Philipp III. erwarb sich durch diesen Trick die Zuneigung und Dankbarkeit des Volks. Er heiratete 1599, ein Jahr nach Regierungsantritt, Margarete von Österreich, die Schwester des späteren Kaisers Ferdinand II. Sie und ihre sieben Schwestern zählten mit ihren übergroßen Unterlippen zu den weniger attraktiven Mitgliedern der Dynastie, weshalb der Spanier, der seine Braut aus strategischen Gründen aus eben diesen jungen Damen wählen musste, blind aus verdeckten Porträts „die Richtige“ zog. Margarete war nicht begeistert, auf diese Weise um ihre Hand gebeten zu werden, gab letztlich jedoch ihr Einverständnis.

Schon bald entwickelte sie ein reges Interesse an Regierungsaufgaben und machte einige Jahre später während einer Besprechung auf die Verschwendung von Staatsgeldern aufmerksam. In diesem Zusammenhang empfahl sie, den Minister Rodrigo de Calderon vom Hof entfernen zu lassen, der ihrer Meinung nach zu viel Einfluss auf monetäre Entscheidungen hatte. Kurz darauf starb Margarete trotz problemloser Entbindung wenige Tage nach der Geburt ihres letzten Kindes. Ihre Zofe berichtete dem König, dass der von ihr kritisierte Minister in ihr Zimmer geschlichen war und dort ein giftiges Räucherwerk entzündet hatte. Auch zwei religiöse Persönlichkeiten, ein Franziskanerpater und die Priorin eines Klosters in Madrid, beschuldigten Rodrigo de Calderon, weshalb ihn Philipp III. aus seinen Diensten entließ. 1621 wurde der Minister schließlich verhaftet und wegen Hexerei und Mordes angeklagt, da man neben der Vergiftung Margaretes auch die Beteiligung an der Tötung eines Soldaten vermutete. Unter Folter gestand er alle ihm vorgeworfenen Taten, weshalb man ihn 1621 in Madrid enthauptete.

Im Jahr 1634 war Ferdinand II. in ein schweres Verbrechen zum Vorteil des Hauses Habsburg und zur Wahrung des Gesichts der Monarchie verwickelt – verübt an dem gefürchteten Feldherrn Herzog Albrecht Wenzel Eusebius von Wallenstein, den der Kaiser nur vier Jahre zuvor seines Amtes enthoben hatte. Doch dann startete der Schwedenkönig Gustav Adolf seinen Siegeszug durch das Reich, und Ferdinand musste den verhassten General um Hilfe ersuchen. Dieser ließ sich einige Zeit lang bitten, willigte dann aber gnädig ein und reiste nach Wien, wo er zu den Friedensverhandlungen mit Sachsen bevollmächtigt wurde. Wallenstein gelang es recht schnell, den Siegeszug der Schweden zu stoppen.

Nach dem Tod Gustav Adolfs verlegte sich der Feldherr auf eine eher passive militärische Strategie, mit der er vor allem die mit Schweden verbündeten Sachsen zum Frieden bewegen wollte. Doch diese Taktik stieß auf Verwunderung und Ablehnung bei den Gegnern Wallensteins. Auch seine Generäle waren nicht glücklich: Die Soldaten des großen, teuren Heers standen in den Startlöchern, und der Herzog hielt sie an der kurzen Leine. Als er dann auch noch einem gefangenen und zum Tode verurteilten Rebellen aus Böhmen die Freiheit schenkte und sich kurz darauf auch noch weigerte, das von den Schweden eingenommene Regensburg zurückzuerobern, kippte die Stimmung vollends. Wallensteins Argumente für den Abbruch der militärischen Aktion konnten allerdings als stichhaltig gelten – es war mitten im Winter, und so bestand die Gefahr, dass sich die Soldaten im Kampf eine Lungenentzündung holten. Aus diesem Grund marschierte die Armee Anfang Dezember 1633 in die Winterquartiere nach Böhmen, allerdings gegen den ausdrücklichen Befehl des Kaisers. Und so stand plötzlich der Vorwurf des Hochverrats im Raum.

Die Wiener Bevölkerung war außer sich vor Empörung, und Ferdinand II. musste eine Entscheidung treffen, um sein Gesicht zu wahren. Er befahl, seinen Generalissimus wegen Befehlsverweigerung abzusetzen, und ein geheimer Rat sollte zudem prüfen, ob zusätzlich ein

Straftatbestand vorlag. Währenddessen wurde von Wallensteins Feinden kräftig Stimmung gegen ihn gemacht, darüber hinaus von Octavio Piccolomini, Kommandeur von Wallensteins Leibgarde, weitere angeblich bestehende Hochverratspläne seines Vorgesetzten in den grellsten Farben geschildert. So lautete das Urteil schließlich, wenig überraschend, „notorische Reichsrebellion".

Der mittlerweile schwer erkrankte Feldherr wurde für abgesetzt erklärt und sollte gefangengenommen oder getötet werden. Dieser ahnte unterdessen nichts von dem, was der Kaiser in Wien plante, und erfuhr erst Tage später von dem Urteil. Er trat mit einigen seiner letzten Vertrauten die Flucht an und wähnte sich kurz darauf in der böhmischen Stadt Eger in Sicherheit. Seine Verfolger luden einen Tag später Wallensteins treue Begleiter zu einem Festbankett auf das Stadtschloss ein, um Verhandlungsgespräche zu führen, wie sie sagten, und ermordeten die Männer hinterrücks kaltblütig. Sie zogen anschließend vor das Haus des Stadtkommandanten am Marktplatz, in dem der kranke Herzog schlief, brachen ein und bohrten Wallenstein seine Hellebarde in den Magen. Der Herzog verblutete langsam, während seine Mörder den Abtransport der Leiche besprachen. Sie wickelten den Toten in einen Teppich, schleiften ihn über die Treppe hinab und brachten ihn zum Minoritenkloster „St. Maria-Magdalena", wo er später auch aufgebahrt wurde.

Auch wenn es sich um keine offizielle Exekution, sondern um Meuchelmord gehandelt hatte, kam es zu keiner Untersuchung des Falls – obwohl die Wiener Räte nachträglich keine stichhaltigen Beweise für eine „notorische Reichsrebellion" fanden. Ferdinand II. befahl Stillschweigen und nannte diesen Akt der politischen Justiz einen „kaiserlichen Strafakt".

In Tirol herrschte Erzherzog Ferdinand Karl, an dessen Hof Günstlingswirtschaft, Verschwendungssucht und Korruption an der Tagesordnung waren. Er führte sein Regiment unter brutaler Beseitigung aller Widerstände und ging dabei sehr leichtsinnig mit seiner Verantwortung um. Der aufwendige Lebensstil, den er praktizierte, und die enormen Ausgaben für höfische Vergnügungen belasteten die Staatskasse und stürzten das Land in Schulden. Ferdinand Karl begegnete dem Geldmangel mit der Verpfändung und dem Verkauf von Herrschaftsrechten. Von Intrigen am Hof in seiner Macht geschwächt, wurde der Erzherzog abgesetzt und schließlich zum Tod verurteilt. Das auf offensichtlichen Verleumdungen basierende Urteil kann rückblickend als rücksichtsloser Justizmord gewertet werden.

In einen Betrugsskandal, der die Monarchie in den Grundfesten erbeben ließ, war die Tochter der strengen Maria Theresia, die nach Frankreich verheiratete Marie Antoinette, verwickelt – auch wenn ihre Mittäterschaft nie bewiesen wurde.

In der sogenannten „Halsbandaffäre" ging es um ein Diamant-Collier im Wert von 1,8 Millionen Livres (dafür hätte man Mitte des 18. Jahrhunderts 18 000 Pferde kaufen können). Angefertigt hatten das Schmuckstück von außergewöhnlicher Schönheit die zwei Pariser Juweliere Charles Böhmer und Paul Bassenge. Ludwig XVI. wollte es seiner Gattin Marie Antoinette schenken, doch die lehnte des hohen Preises wegen ab. Auch sonst wollte die sündhaft teure Kostbarkeit niemand haben. In ihrer Verzweiflung machten sich die beiden Juweliere auf die Suche nach einem Vermittler, der die Königin umstimmen sollte

Eine Agentin war bald gefunden, und zwar in Gestalt von Jeanne la Motto – einer Comtesse aus verarmtem Adel und angebliche Vertrauensperson am französischen Hof. Sie kündigte Böhmer und Bassenge wenige Wochen später den Besuch eines hohen Herrn an, der das Collier im Auftrag von Marie Antoinette erwerben wollte. Bei diesem Boten handelte es sich um Kardinal Louis de Rohan, der zuerst den Preis auf 1,6 Millionen Livres drückte, anschließend Ratenzahlungen zu je 400 000 Livres aushandelte und erst dann den Kauf fixierte. Nachdem die beiden Juweliere den Vertrag unterzeichnet hatten und auch Rohan eine Unterschrift von Marie Antoinette vorlegte, nahm der Kardinal das Halsband an sich. Er überbrachte schon bald darauf die erste Rate in fast doppelter Höhe und ließ Böhmer und Bassenge einen Dankesbrief an die Königin verfassen.

Als einer der Juweliere Tage später an den Hof kam, um ein von Ludwig XVI. geordertes Schmuckstück für seine Gattin anlässlich der Geburt ihres zweiten Sohns zu überbringen, unterhielt er sich nach der Lieferung mit der Kammerzofe. Die erwähnte ganz nebenbei, dass

Marie Antoinette

Marie Antoinette mit seinen Dankeszeilen für die erste Rate nichts hatte anfangen können, woraufhin dieser aufgeregt Louis de Rohan zur Rede stellte. Der Kardinal legte dem Mann nahe, selbst mit der Königin zu sprechen, um das Missverständnis aus dem Weg zu räumen. Diese Unterredung verlief ohne Zeugen, hatte aber de facto stattgefunden.

Einige weitere Wochen später drückte Rohan erneut den Preis und wollte kurz darauf im Namen von Marie Antoinette einen Kredit aufnehmen, was dem Königspaar jedoch sofort zugetragen wurde. Anschließend bat Madame de la Motte einen der Juweliere zu sich und verkündete, dass der Kardinal festgestellt hatte, dass es sich bei dem Schriftstück mit der Unterschrift der Königin um eine Fälschung handelte.

Ludwig XVI. ließ Louis de Rohan sofort zum Verhör abholen, während Marie Antoinette über den Skandal in Kenntnis gesetzt wurde.

Ein Vertrauter des Kardinals jedoch sagte in der anschließenden Verhandlung aus, dass die Königin längst auf dem Laufenden gewesen und in den Betrug involviert gewesen wäre.

Die Königin schob jedoch die gesamte Schuld Rohan in die Schuhe, den sie abgrundtief verachtete. Sie verdächtigte ihn, als Spion ihrer Mutter zu arbeiten, die den verschwenderischen Lebensstil ihrer Tochter kritisierte, für den der Kardinal Beweise finden sollte. Dabei hatte Kaiserin Maria Theresia den Mann aufgrund seines oberflächlichen Lebenswandels selbst im Jahr 1774 aus vom Wiener Hof entfernt, wo er als Gesandter tätig gewesen war.

Die Juweliere Böhmer und Bassenge verfasste in Anschluss ein Dossier, in dem Rohans betrügerisches Verhalten aufs Schärfste verurteilt und als Majestätsbeleidigung dargestellt wurde. Nach einer Befragung durch den König bekräftigte der Kardinal seine Aussage, das Collier im Namen von Marie Antoinette gekauft zu haben. Als dieser alles abstritt, ließ ihn Ludwig XVI. sofort festnehmen, ebenso wie Jeanne de la Motte.

In der weiteren Befragung gab Rohan an, von der Comtesse de la Motte in die Irre geführt worden zu sein, die sich bei der Königin für ihn einsetzen wollte. Der Kardinal berichtete: „Es folgte ein reger Schriftverkehr zwischen mir und der Königin, der immer inniger wurde, bis ich mich glücklich in dem vermessenen Glauben befand, Marie Antoinette würde für mich schwärmen. Dabei, so stellte sich später heraus, hatte die Comtesse alle meine Briefe abgefangen und selbst beantwortet. Ich bat Jeanne de la Motte, die Regentin, der ich zu jenem Zeitpunkt bereits leidenschaftlich verfallen war, persönlich zu treffen. Wie ich mittlerweile weiß, hat die Gräfin ein junges Mädchen dazu verpflichtete, bei unserer nächtlichen Zusammenkunft im finsteren Garten von Versailles die Königin zu spielen. Die Täuschung gelang und ich stand vor Liebe in Flammen. Aus Dankbarkeit lieh ich der Comtesse Geld, weil sie unbedingt in höhere Kreise aufsteigen wollte. Als sie dank der Finanzierung eine achtbare Rolle in der Gesellschaft eingenommen hatte, prahlte sie dort mit ihrer guten Beziehung zu Marie Antoinette – die es aber, wie vor Kurzem bekannt wurde, nie gab.

Einige Zeit später verriet sie mir, dass die Königin das Collier haben wolle und der Verkauf über mich abgewickelt werden sollte. Und so nahm das Unglück seinen Lauf."

Louis de Rohan konnte seine Aussagen jedoch nicht beweisen, da er die Briefe von Jeanne de la Motte verbrannt hatte. Die Comtesse selbst widersprach nach ihrer Festnahme seiner Darstellung in allen Punkten.

Der Fall wurde daraufhin dem Pariser Parlament übertragen – während des Prozesses wuchs im Volk der Unmut gegen die verschwenderische Königin, die in den Augen ihrer Untertanen eindeutig schuldig war. Der hinters Licht geführte Mann Gottes gewann zeitgleich immer mehr Sympathien. Während Rohans Verteidiger nach Komplizen von Madame de la Motte suchte, zauberte die einen neuen Drahtzieher aus dem Hut: den Hochstapler Alessandro Cagliostro, der den Kardinal negativ beeinflusst und zum Betrug angestiftet hätte.

Nach wochenlangen Erhebungen und Beratungen kamen die Ratsherren zu dem Ergebnis, dass die Comtesse zusammen mit ihrem Liebhaber, Louis de Rohan, das Verbrechen unter der Anleitung des geübten Schurken Cagliostro begangen hatte, woraufhin alle drei eingekerkert wurden. Die Angehörigen und Freunde des Kardinals wetterten, die Entscheidungsträger seien vom Hof gekauft worden, um den Ruf der Königin zu schützen.

In der Folge hat man, nach unzähligen Protesten und entlastenden Aussagen, Rohan freigelassen und Jeanne de la Motte als gerissene Hochstaplerin überführt. Das Volk befand sich im Freudentaumel, eine tobende Menge skandierte vor dem Parlament immer wieder: „Es lebe der unschuldige Kardinal!" Zum Zeichen ihrer Solidarität trugen Männer wie Frauen rote Hüte, deren Farbe an den Kardinalspurpur erinnerte.

Doch für den Mann Gottes blieb der Vorwurf der Majestätsbeleidigung bestehen, da er die Kühnheit besessen hatte, zu glauben, die Königin habe sich nachts im Park von Versailles mit ihm zu einem Rendezvous getroffen und ihn gebeten, in ihrem Namen Schmuck zu kaufen.

Ludwig XVI. ließ Rohan vom Hof verbannen. Nach einer Intervention widerrief der König sein Urteil und wandelte es in eine monetäre

Strafe um: Der Kardinal musste den Juwelieren Böhmer und Bassenge das Halsband, dessen Verbleib für alle Zeiten ungewiss blieb, ersetzen und jährlich 300 000 Livres rückerstatten. Zugleich „versetzte" ihn der König in eine Abtei in der Auvergne, von wo er erst als alter, kranker Mann zurückkehren durfte.

Die Comtesse wurde nach einer Auspeitschung zur Strafe mit einem eintätowierten V, das sie als „voleuse" (franz. für Diebin) brandmarkte, auf der Schulter versehen und lebenslang in ein psychiatrisches Krankenhaus in Paris eingesperrt.

Ein bitterer Beigeschmack blieb, denn die Unschuld der Königin galt für ihre Untertanen keineswegs als erwiesen. In der Monarchie brodelte es, Frankreich litt in den 1780er-Jahren unter einer schweren Finanzkrise. Sparsamkeit lautete das oberste Gebot der Stunde, doch Marie Antoinette dachte gar nicht daran, ihren äußerst luxuriösen Lebensstil einzuschränken. Sie zeigte sich in immer opulenteren Kleidern, mit extravagantem Schmuck und skurrilen Frisuren. Drei Jahre nach der „Halsbandaffäre" brach die Revolution aus, die vermutlich zur Zeit des Betrugsskandals bereits vorbereitet wurde. Es wäre möglich, dass eine Gruppe von Aufständischen den Diebstahl des Colliers von langer Hand geplant und inszeniert hatte, um von den Vorgängen im Land abzulenken.

Den Habsburgern wurde nicht selten auch Hab- und Raffgier nachgesagt, sie horteten Geld, Gold und Geschmeide, kulturelle Schätze und Kuriositäten, aber auch ländlichen Besitz. Im Namen der Krone wurden nicht nur andere Herrscher, sondern auch zahlreiche Regionen der Erde ausgebeutet. So beklagte sich im 16. Jahrhundert der spanische Missionar Bartolomé de las Casas darüber, dass die Habsburger als menschliche Teufel schlimmer wären als die wilden Löwen.

Einer dieser „modernen Aufklärer" war Maximilian I. von Mexiko, Bruder von Kaiser Franz Joseph I., der einen völlig anderen Charakter besaß, als der Rest der Familie. Zeitgenossen beschrieben ihn mit den Worten „auf südländische Art leichtlebig und fröhlich". Es wurde rasch gemunkelt, dass es sich bei ihm um das Ergebnis einer leidenschaftlichen Affäre seiner Mutter Sophie mit dem um sechs Jahre jüngeren Herzog von Reichsstadt handelte. Napoleons Sohn, der im Alter von

21 Jahren an Tuberkulose verstarb, soll ein sehr inniges Verhältnis zu der Mutter des Kaisers gehabt haben.

Maximilian setzte sich als gebildeter und wohlhabender Aristokrat, aber auch als verwöhnter, verweichlichter Mitteleuropäer, in einem sozial schwachen Gebiet auf den Thron, um ein „besseres Kaisertum" zu schaffen. Der liberale Habsburger hegte die romantische Vorstellung, den Menschen vor Ort helfen zu können. Er wollte er die Armut bekämpfen, die Sklaverei beenden, den Klerus zurückdrängen und das Land auf wirtschaftlich gesunde Beine stellen.

Nachdem sich Mexiko 1825 endgültig die Unabhängigkeit von Spanien erkämpft hatte, fand sich kein Monarch, der es regieren wollte. So wurde es von den französischen Truppen unter Napoleon III. besetzt, der Maximilian 1864 die Krone anbot, der sie nach einigem Zögern auf Drängen seiner ehrgeizigen Gattin Charlotte von Belgien annahm. Geködert hat man das Paar mit dem Versprechen, es würden große Reichtümer in Mexiko auf denjenigen warten, der sie zu finden wüssten. Bestärkt durch Franz Joseph, der Maximilian am Hof keinen sinnvollen Job anbieten konnte, nahm er die Herausforderung an.

Er wollte mit dieser Aufgabe aus dem Schatten seines erfolgreichen Bruders treten und sah darin die Möglichkeit, seine eigenen Vorstellungen einer modernen Regierung zu verwirklichen. Allerdings stellte der Habsburger die Bedingung, nur seines Amtes walten zu wollen, wenn er von der Bevölkerung mit offenen Armen empfangen wurde. Eine mexikanische Delegation, darunter zahlreiche hoffungsvolle Exil-Mexikaner, überbrachte ihm daraufhin einen manipulierten Volksentscheid, arrangiert von den Gegnern des Präsidenten Benito Juárez. Darin war zu lesen, dass man sich von Herzen auf den neuen Herrscher freute, dem in seiner neuen Heimat alle Türen offenstehen würden.

Maximilian brach daraufhin einige Wochen später gemeinsam mit seiner Gattin nach Mexiko auf. An Bord des Schiffes Richtung Nordamerika entwarf er ein Hofzeremoniell von 300 Seiten Länge und las ausschließlich die Jubelmeldungen der europäischen Presse über seine neue Machtposition. Kritik und Zweifel, die vorwiegend aus den heimischen Adelskreisen kamen, schmetterte er siegessicher ab. Die Ankunft muss eine herbe Enttäuschung für den euphorischen

Habsburger gewesen sein: ein umgewehter Triumphbogen, einige ärmlich gekleidete Musikanten, die ein paar schiefe Töne produzierten, und ein paar ahnungslose Bewohner, die von den Geistlichen zusammengetrommelt worden waren und sich auf Befehl freuen sollten.

Im Dauerregen ging es in der Kutsche durch den Schlamm Richtung Mexiko-Stadt. Maximilian blieb positiv gestimmt, erfreute sich an der fremdartigen Vegetation und sah seinem Regierungsantritt mit Spannung entgegen – während seine Gattin es vermutlich bereits bereute, ihren Mann in seinem Entschluss bestärkt zu haben. Der enthusiasmierte neue Monarch ließ, trotz Unverständnis seitens der notleidenden Bevölkerung, seine Residenz auf dem Felsen Chapultepec teuer ausbauen und danach 9000 Sympathisanten von Benito Juárez als Landesverräter hinrichten. 1867 zogen die Franzosen ihre Truppen ab, woraufhin Maximilian alleine gegen die Widerstände seiner Untertanen ankämpfen musste – nach Wien schrieben er und seine Gattin jedoch weiterhin, wie wunderbar ihre lohnende Aufgabe in dem fremden Land wäre. Charlotte erfüllte ihre Aufgabe als Kaiserin von Mexiko souverän und hinderte ihren Gatten, der dann doch langsam verzweifelte und seine Aufgabe als aussichtslos empfand, an der Abdankung.

Als die Lage im selben Jahr immer schwieriger wurde, musste der Regent erkennen, dass seine vom Ehrgeiz zerfressene Frau sich immer seltsamer verhielt und verrückt zu werden drohte. Er selbst, mittlerweile an Malaria erkrankt, blendete seine Verwandten in Wien weiterhin und schrieb, wie vorbildhaft und erfolgreich er Mexiko regierte. In der Zeit der größten Krise baute er sein Landgut um, ging auf Schmetterlingsjagd und schwärmte auf einigen Reisen durchs Land vom Zauber der exotischen Natur.

Als Maximilian vom gegnerischen Militär immer enger umzingelt wurde, erinnerte er sich an seine kaiserlichen Pflichten und stürzte sich heroisch in die Schlacht. Kurz darauf wurde der Monarch von den Truppen der Gegenregierung unter Benito Juárez gefangengenommen, vom Kriegsgericht zum Tod verurteilt und auf dem „Hügel der Glocken“ erschossen. Ein Angebot zur Flucht hatte der Herrscher dankend abgelehnt.

Obwohl Maximilians Gesicht laut eigenem Wunsch verschont worden war, zweifelten einige Familienmitglieder bei der Trauerfeier in

Wien beim Anblick der überführten Leiche an der Identität des Habsburgers. Es heißt, der mexikanische Präsident hätte seinem Freimaurerkollegen nach einer Schein-Exekution das Leben geschenkt, woraufhin dieser alleine bis 1936 in El Salvador unter dem Namen Justo Armas weitergelebt hatte. Ein späterer Handschriftenvergleich sowie eine DNA-Analyse ergaben, dass es sich mit hoher Wahrscheinlichkeit tatsächlich genauso zutrug. Maximilians Gemahlin Charlotte, die sich zur Zeit der Festnahme ihres Gatten in Wien aufgehalten hatte, verstarb in geistiger Umnachtung im Jahr 1927.

Zuletzt noch zu einem von vielen als „windiger Gauner“ und „Kriegsgewinnler“ bezeichneten Habsburger: Leopold Salvator. Der Erzherzog wurde bekannt durch sein wirtschaftliches Manöver, minderwertiges Dörrgemüse als Nahrungsmittel für die Soldaten der k. k. Armee billig in Böhmen zu erwerben und in Österreich während des Ersten Weltkriegs teuer an die Front zu verkaufen. Der pfiffige Adelige, der faktisch das Monopol auf diesen Import besaß, erzielte auf diese Weise rund 20 Millionen Kronen Gewinn (für eine Krone erhielt man damals drei Kilogramm Brot). Im Jahr 1918 wurde Leopold Salvator vom Staat enteignet, woraufhin er nach Spanien auswanderte und erst kurz vor seinem Tod nach Österreich zurückkehrte.

Amouröse Eigenwilligkeiten und sexuelle Eskapaden

Immer schon hat das Liebesleben der Adeligen die Menschen brennend interessiert. Und kam eine Entgleisung amouröser Natur gar aus dem engeren Familienkreis eines Monarchen oder gar des Kaisers selbst ans Tageslicht, betraf es Personen, die sich gerne als unfehlbar präsentierten, schockierte das damals die katholische Nation und löste einen handfesten Skandal aus.

Der erste Habsburger, dem man Homosexualität andichtete – was allerdings nicht zur Zeit seines Wirkens, sondern erst später kritisiert wurde – war Herzog Albrecht III. Er galt später sogar als Transvestit, auch wenn es dieses Wort damals noch gar nicht gab. Seriöse Schlüsse auf eine entsprechende sexuelle Ausrichtung gibt es jedoch keine, er war verheiratet und zeugte mehrere Kinder. Der Kleidungsstil ist der Mode des 14. Jahrhunderts angemessen.

Ebenso ist es weit weniger kurios, als es interpretiert werden könnte, dass sich der Habsburgerkönig Friedrich „der Schöne" und König Ludwig IV. aus Bayern nach ihrem Waffenstillstand und der Versöhnung im Jahr 1325 eine Schlafstatt teilten. Dieser Situation ging ein orgiastisches Gelage zur Bekräftigung des Friedens voraus, das Ruhen danach Seite an Seite demonstrierte Eintracht.

Ebenso ungerechtfertigt zweideutig beurteilte man im 16. Jahrhundert die italienischen Liebesgedichte von Erzherzog Leopold Wilhelm, einem sechsfachen Bischof mit Tonsur, aber ohne Priesterweihe. Die Poesie war sein Steckenpferd, jedoch galten die schwülstigen Verse nicht zwangsläufig seinem guten Freund, dem Maler Pietro Liberi. Jedenfalls konnte diese theoretische Vermutung nie praktisch bewiesen werden.

Um eine Tatsache handelt es sich allerdings bei der Anzahl der unehelichen Nachkommen von Siegmund „dem Münzreichen". Weil aus den beiden Ehen des Tiroler Landesfürsten im 15. Jahrhundert keine Kinder hervorgingen, zeugte er mit verschiedenen anderen Frauen insgesamt 52 Mädchen und Jungen. Sein ausschweifender Lebensstil und seine angeblich charmante Art machten den Habsburger mit dem schmalen Gesicht und dem wallenden Haar unwiderstehlich für die Damenwelt.

Um einen der charmantesten Habsburger handelte es sich bei „dem letzten Ritter" Maximilian I., dessen „Galanterie" im 15. Jahrhundert häufig zu weit ging – jedenfalls in den Augen seiner Untertanen und adeligen Zeitgenossen. Sein lockerer Umgang mit Frauen war legendär und nicht selten skandalös, wie diese Geschichte beweist *Mit den Nürnberger Frauen und Jungfrauen tanzte er gerne. Einstmals ließ er sich von ihnen entwaffnen und gefangen nehmen, um noch einige Tage länger bei ihnen zu verweilen. Es ist auch bekannt, daß er in Regensburg sogar der Spezies von Frauen, die damals „die Fahrenden" hießen, sich gnädig bezeigte. Während der Reichsversammlung hatte der Magistrat nämlich diese Frauen aus den Stadtmauern verwiesen; sie aber empfingen den lustigen Kaiser in corpore, als er zum Tore einritt, und klagten ihm ihr Leid. Da befahl er lächelnd der Zunächststehenden, den Schweif seines Pferdes zu fassen; der Zweiten gebot er, den Kopf der Ersten zu ergreifen und so fort. Auf diese Art schmuggelte der die verbannten „fahrenden Frauen" am kaiserlichen Pferdeschwanze wieder in Regensburg ein.*

Dass man zu seinen Affären auch stehen und „Bastarde" – das Zeugen solcher Kinder hatte im Haus Habsburg ja durchaus Tradition – als legitime Nachfolger anerkennen kann, bewies Kaiser Karl V.: Seine Tochter Margarete (die spätere Herzogin von Parma) wurde 1522 während einer Liaison mit Jeanne van der Gheynst, einer Teppichmachertochter aus Flandern, gezeugt, Sohn Johann von Österreich ging aus der stürmischen Beziehung mit der Regensburger Kaufmannstochter Barbara Blomberg hervor. Zwei weitere, allerdings weniger bekannte Töchter des Regenten sind Johanna und Tadea.

Bei „Madame de Blomberg" handelte es sich um die Tochter eines wohlhabenden Gürtlermeisters und zudem um eine stadtbekannte blonde, blauäugige, rotwangige und dralle Schönheit. Sie lernte den Kaiser im Sommer 1546 auf einem Reichstag in Regensburg kennen und wurde von ihrer ehrgeizigen Mutter dazu gedrängt, sich dem Kaiser gegenüber *willig zu zeigen*. Die Stimmung in der Stadt war ausgelassen in jenen Tagen, es wurden Versammlungen abgehalten und Geschäfte gemacht, zwischendurch fand man immer einen Grund zu feiern, zu speisen und reichlich Alkohol zu konsumieren.

Für die Besucher ergaben sich genügend Gelegenheiten für amouröse Abenteuer, da sich die Regensburger Mädchen gegenüber den wohlhabenden und generösen Gästen recht aufgeschlossen zeigten und die schmeichelhaften Avancen derselben durchaus genossen. Und so verwundert es nicht, dass Barbara Blomberg keinen Einspruch erhob, als einer zu jener Zeit mächtigsten Männer der Welt ihr gegenüber seine Verführungskünste spielen ließ. Die lebenslustige junge Frau, die bereits zahlreichen Verehrern den Kopf verdreht hatte, eroberte des Kaisers Herz im Sturm. Es gelang der Regensburgerin, den oft schwermütigen Monarchen mit dem ihr eigenen unverblümten Charme zu erheitern und ihrem entzückenden Gesang zu verzaubern. Zwischen den beiden entwickelte sich keine lange, dafür aber umso stürmischere Romanze. „Madame de Blomberg" dürfte den alternden Karl, der bis an sein Lebensende um seine Gemahlin Isabella von Portugal trauerte, aufrichtig geliebt haben.

Nachdem Karl aus Regensburg abgereist war, folgte ihm Barbara Tage später, da sie ihren Kaiser nicht so einfach ziehen lassen wollte. Er befand sich mittlerweile, schwer erkrankt, in einem Lager in Sachsen, in das man Barbara nicht hineinlassen wollte. Doch die verliebte und einfallsreiche junge Frau gab sich nicht so leicht geschlagen, verkleidete sich als Bursche, ritt ungehindert bis vor das Zelt des Kaisers und fiel dem bereits stark geschwächten und müden Mann kurz darauf in die Arme. Der war beeindruckt von der Hartnäckigkeit seiner Verehrerin, erlaubte ihr zu bleiben und setzte die Beziehung noch eine Zeit lang fort.

Und dann gebar die „Kaiserhure“ ihrem Regenten einen Sohn, den sie Hieronymus nannte. Der Junge wurde etwa ein Jahr später auf Geheimbefehl seines Vaters von seiner Mutter getrennt und unter falschem Namen nach Spanien gebracht. Karl V. bestimmte seinen Hofviolinisten und dessen Gattin zu den Pflegeeltern des Jungen. Barbara hingegen führte fortan in Regensburg ein sehr ausschweifendes Leben und ließ sich von ihren Liebhabern aushalten. Karls Sohn Philipp II., genervt vom Treiben der Mutter seines Halbbruders, arrangierte daraufhin für sie die Ehe mit einem kaiserlichen Offizier.

Hieronymus kam im Alter von acht Jahren an den Hof des Vaters, erfuhr aber erst ein Jahr nach dessen Tod im Jahr 1558 von seiner Abstammung. Er erhielt den Namen „Juan de Austria“, wurde offiziell ein Angehöriger des spanischen Königshauses und ging als Held der Seeschlacht von Lepanto 1571 in die Geschichte ein.

Die Hochzeit mit der schottischen Königin Maria Stuart scheiterte am Widerspruch seitens seines Halbbruders Philipp II., woraufhin er sich auf eine Affäre mit Margarete von Valois, der Schwester des französischen Königs, einließ. Diese Frau galt als sehr leidenschaftlich, aber auch skrupellos – jeder im Land wusste, dass sie sich ihrer Liebhaber entledigte, sobald sie derer überdrüssig wurde. Und so dauerte es nicht lang, bis ein Anschlag auf Juan de Austria verübt wurde, und dem Attentäter im letzten Moment noch der Dolch entrissen werden konnte. Doch es dürfte einen zweiten von Margarete gedungenen Mörder gegeben haben, der sich im näheren Umfeld des jungen Mannes befunden haben muss und diesen offenbar langsam vergiftete. Seine Leiche sollte nach Spanien überführt werden, doch der Transport

Juan de Austria

mittels Schiff schien zu riskant. So gab Philipp II. den Befehl, Juans Körper zu zerstückeln, in mehreren Satteltaschen zu verteilen und das Gefolge als Touristen zu verkleiden. Die Täuschung gelang, die Pferde brachten den Habsburger sicher in die Heimat seiner Familie zurück. Und so ruht Karls „Bastard" heute ganz in der Nähe seines Vaters in El Escorial.

Die Vermutung einer homosexuellen Neigung gab es im 16. Jahrhundert auch bei Kaiser Rudolf II., dem eine innige und zumindest etwas sonderbare Zuneigung zu seinen „Kammerdienern" nachgesagt wurde. So bezeichnete er etwas Hans Popp als seinen „Augapfel" und lieferte sich Männern wie Hieronymus Machowsky, Johann Ericius und Kaspar Rutzky komplett aus. Besonders ohne den Juden Philipp Lang konnte Rudolf nicht sein, und was immer der wollte, setzte er bei seinem Herrn auch durch. Schon bald hieß es scherzhaft, über das Deutsche Reich herrschte neben dem römischen Kaiser der König der Juden. Und Langs Einfluss stieg immer weiter, obwohl er Rudolf, der ihm bedingungslos vertraute und neben der Entlohnung häufig großzügig beschenkte, ohne jeden Skrupel manipulierte, bestahl und hinter seinem Rücken verhöhnte. Im Volk wurde daraufhin gemunkelt, der Kaiser sei dem charismatischen Philipp Lang hörig, oder aber der Jude habe ihn mit einer ganz besonderen Giftmischung gefügig gemacht.

Erst im Jahr 1607 gelang es dem Monarchen, sich von seinem Kammerdiener zu trennen, als dieser Rudolfs Bruder und Widersacher Erzherzog Matthias unterstützte. Nach einer Klage des Kammerdienerregiments ließ der Habsburger seinen ehemaligen Lieblingsangestellten sogar ins Gefängnis werfen, wo er ein paar Monate später unter unerklärlichen Umständen ums Leben kam.

Langzeitherrscher Philipp IV., auch „el Grande" (span. für „der Große") oder „Rey Planeta" (span. für „König der Welt") genannt, regierte Spanien Anfang bis Mitte des 17. Jahrhunderts – zu Beginn während einer Epoche der kulturellen Blüte, gegen Ende zu in einer Zeit des wirtschaftlichen und gesellschaftlichen Niedergangs. Nur vier Jahre nach seiner ersten Hochzeit war er bereits Witwer, konnte aber einen Thronfolger vorweisen: Baltasar Carlos. Der junge Mann starb jedoch 17-jährig wenige Wochen nach der Vereinbarung mit Kaiser Ferdinand III., wonach er dessen Tochter Maria Anna von Österreich hätte heiraten sollen. Der damals 42-jährige Philipp nahm seine erst 13-jährige Nichte Maria Anna kurzerhand selbst zur Frau, die ihm fünf Kinder schenkte, drei davon kamen tot zur Welt oder verstarben einige Tage nach der Geburt. Eine Tochter wurde erwachsen und heiratete später ihren Onkel Leopold I., bei dem überlebenden Sohn handelte es sich um Karl II., „den Verhexten".

Die Vorlieben von Philipp IV., dem es nicht gelang, einen fähigen Thronfolger zu zeugen, lagen beim Stierkampf, der Jagd und den Frauen. Er hatte unzählige Mätressen, weshalb man ihm eine große Zahl von unehelichen Kindern zuschreibt – sein bekanntester „Bastard" war Don Juan José. Der wollte sich mit seiner Halbschwester Margarita Teresa verloben, der späteren Frau von Leopold I., woraufhin ihn sein Vater von einer Beteiligung an der Regentschaft ausschloss.

Joseph I., der aufgrund seiner glanzvollen Hofhaltung „Sonnenkönig" genannt wurde, war ein abenteuerlustiger und waghalsiger Draufgänger. Er zähmte seine Pferde selbst, zeigte keinerlei Frömmigkeit und ging leidenschaftlich gerne auf die Jagd – nach Wildtieren und Frauen. Laut zeitgenössischen Schilderungen war er in seiner Jugend „ein Muster an Schönheit", ohne die typischen Merkmale seiner Ahnen. Er hatte blaue Augen, rotblondes Haar und einen makellosen Teint, kümmerte sich sehr um sein Aussehen und hatte Spaß daran, verschiedene Perücken zu tragen.

Seine ersten Affären hatte der fidele Joseph im Alter von 15 Jahren, mit Kammerzofen und adeligen Damen, die stets älter waren als er selbst. Mit 16 hatte er bereits drei Geliebte gleichzeitig. Zu jenem Zeitpunkt wurde über seine „Verderbtheit", wie die Untertanen bereits tuschelten, noch hinweggesehen, doch mit der Thronbesteigung im Jahr 1705 erwartete das Volk legitime Nachkommen. Die Ehe mit Wilhelmine Amalie von Braunschweig-Lüneburg, die 1699 geschlossen worden war, soll anfänglich trotz pragmatischen Kalküls glücklich gewesen sein. Allerdings gebar die Kaisergattin in den ersten Jahren zwei Töchter, steckte sich 1704 bei ihrem Gatten, der weiterhin durch fremde Betten turnte, mit einer Geschlechtskrankheit an und wurde unfruchtbar. Josephs Favoritin war die ungarische Adelige Marianne Pálffy, die stets im Mittelpunkt des Hofklatsches stand. Von ihr überliefert sind auch zahlreiche Verstöße gegen die Etikette. So soll sie während einer Faschingsfeier so viel getrunken haben, dass sie sich öffentlich übergeben musste. Ein anderes Mal schoss sie angeblich bei Tisch mit Fleischbällchen und zielt dabei auf die Dekolletés der mit ihr an der Tafel sitzenden Aristokratinnen.

Der Kaiser wurde erst kurz vor seinem Tod reumütig. Nachdem er sich mit den Pocken angesteckt hatte und in der Hofburg erst 33-jährig im Sterben lag, schwor er seiner Frau, seine Mätressen aus der Residenz zu jagen, sollte er die Krankheit besiegen. Er starb, und seine Geliebten verschwanden ebenfalls – still und heimlich nachts über eine geheime Wendeltreppe, damit die Dienerschaft nicht noch mehr tratschte. Insgesamt sollen die Damen Schmuck im Wert von 74 000 Gulden vom Kaiser erhalten haben. Marianne Pálffy vererbte Joseph gar 500 000 Gulden – seine Mutter erhielt nur 50 000 –, woraufhin es am Hof zu einem skandalösen Streit zwischen den beiden Frauen kam. Doch das Testament des „Sonnenkönigs" war hieb- und stichfest, die Mätresse zog als reiche Frau von dannen.

Die Anzahl von Josephs unehelichen Kindern kann schwer geschätzt werden, es dürfte sich aber um rund zwanzig handeln.

Barockkaiser Karl VI., dem Vater von Maria Theresia, sagte man eine homosexuelle Beziehung zu seinem Günstling Gottfried Bessel nach. Der Benediktiner war 1696 aus dem Kloster Göttweig, wo er den Doktorgrad in Theologie erlangt hatte, entlassen worden – wieso, ist nie ans Licht der Öffentlichkeit gelangt.

Karl VI., der leidenschaftlich dem Billard- und Glücksspiel frönte, soll mit seiner Gemahlin tagsüber den Schein gewahrt und nachts mit seinem Liebhaber Bessel jahrelang Exzesse gefeiert haben. Der gottesfürchtige Lustknabe des Monarchen unterrichtete die vormals protestantische, zum katholischen Glauben übergetretene Kaisergattin in Religion. Die Gerüchteküche brodelte angesichts dieser empörenden Bigotterie. 1714 ernannte Karl VI. Bessel zum Abt und 1716 zum Hoftheologen, woraufhin er als kaiserlicher Commissarius großes Ansehen genoss. Als der Regent im Jahr 1739 von der angeblichen Ermordung seines „Freunds" erfuhr (tatsächlich starb der Gelehrte erst neun Jahre nach seinem Gönner), sprach er erschüttert: „Wir haben ein kostbares Juwel verloren." Doch der Abt kehrte an den Wiener Hof zurück, vom Kaiser mit mehr Privilegien ausgestattet, als je zuvor. Kurz darauf starb jedoch Karl VI. nach dem Verzehr eines giftigen Pilzgerichts – und die Gerüchteküche brodelte erneut, dieses Mal angesichts des offensichtlichen Verbrechens an ihrem Herrscher. Wurde der erst 55-jährige Regent von einem anderen seiner Günstlinge, der es sich während Bessels Abwesenheit im royalen Dunstkreis bequem gemacht hatte, aus Eifersucht ermordet? Oder von seiner Gattin? Man wird es wohl nie erfahren.

Im Gegensatz zu ihrem Ehegatten Franz I. Stephan, einem Schürzenjäger, war Karls Tochter Maria Theresia eine treue Seele. Streng katholisch, dezent prüde und vor allem mit hohen moralischen Ansprüchen ausgestattet, setzte sie sich im Wien des 18. Jahrhunderts ein ehrgeiziges Ziel: der Prostitution Einhalt zu gebieten. Obwohl es bereits viel früher von Habsburgern Maßnahmen zur Eindämmung der käuflichen Liebe gegeben hatte, blühte der Sexhandel nach wie vor. Auf dem Spittelberg ging es nachts in den dunklen Ecken und zahlreichen Bordellen heiß her, ebenso wie stadtweit in diversen Gebüschen, Droschken und Hinterhöfen sowie auf fast allen Festen der besseren Gesellschaft.

Kurzerhand gründete Maria Theresia im Jahr 1752 eine „Keuschheitskommission", die als bestehender Zweig der Gerichtsbarkeit außerehelichen Geschlechtsverkehr, Prostitution, Homosexualität, so wie auch jede andere Art anstößigen Verhaltens ahndete und bestrafte. Hunderte Spitzel sollten das Treiben der Männer im sündigen Wien sorgfältig überwachen und genauestens protokollieren. Ehegatten, die beim Fremdgehen erwischt wurden, mussten mit einigen Tagen Kerker rechnen. Homosexuellen drohte gar die Todesstrafe. Aber auch Frauen wurden beobachtet: Zeigten sich diese beispielsweise allzu lebenslustig, ließ man sie für ein paar Wochen in ein Kloster bringen. Dirnen, die ihre Freier bestahlen oder mit einer Geschlechtskrankheit ansteckten, wurden kahlgeschoren und mit geteertem Schädel öffentlich ausgepeitscht. Besonders oder wiederholt „incorrigible Weibspersonen" wurden als Zeichen der Schande und zur Belustigung des Volkes ans Kirchentor gefesselt, in Zuchthäuser gesteckt oder gleich in den Banat (eine besonders arme Region in Südosteuropa, heute Rumänien, Serbien und Ungarn) deportiert, wo sie Zwangsarbeit zu leisten hatten. Mit den sogenannten „Temesvarer Wasserschüben" wurden Dirnen inmitten von Räubern und Mördern auf ein Donauboot gepfercht und flussabwärts „entsorgt". Freiwillige Aussteigerinnen kamen ins Büßerinnenhaus, das jedoch schon bald schließen musste, weil die reumütigen Sünderinnen ausblieben.

Zu weiteren unsittlichen Delikten zählten unter anderen bei den Frauen Tratschen in der Kirche und Arbeiten als Serviererin in einem Lokal; bei den Männern beispielsweise das Außer-Haus-Gehen ohne

Hemd. Generell verboten waren „nächtliche Umtriebe" der Landjugend, religionsüberschreitender Sexualverkehr, das Tragen „unehrbarer und leichtfertiger Tracht", das Pfeifen und Fußstoßen während Theatervorstellungen und vieles mehr.

Im Prater hat man damals sogar den Buschbestand ausgedünnt, um leichter ungebührliches Verhalten in der Öffentlichkeit feststellen bzw. ledige Liebespaare beim sündigen Liebesspiel ertappen zu können. Maria Theresia ging sogar in der Kunst auf Nummer sicher und ließ beispielsweise aus dem Stegreif gesprochene Theaterauftritte verbieten – wegen des oft derben Wortwitzes und der Unberechenbarkeit bei der Improvisation. Darüber hinaus wurde jeder Gastwirt angewiesen, niemanden noch kurz vor Abhaltung der heiligen Messe zu bedienen, während die Stadt- bzw. Dorfrichter vor dem Gottesdienst die Lokale zu durchsuchen und die darin angetroffenen Leute hinauszujagen und in die Kirche zu treiben hatten. Damals galten Wirtshäuser als hochsuspekt, verdächtigte man doch jeden Gast automatisch der Obrigkeitswidrigkeit, des Glücksspiels, der Hehlerei oder der Unzucht.

Die Kaiserin jedenfalls war davon überzeugt, die Menschen mit ihrer „Keuschheitskommission" und dem Kampf gegen die Unsittlichkeit zu besseren Katholiken zu erziehen.

Auch der venezianische Schürzenjäger Giacomo Casanova geriet in Maria Theresias Visier, als er sich zu jener Zeit in Wien aufhielt. Später schrieb er darüber in seinen Memoiren: *Wegen der Bigotterie der Kaiserin war es außerordentlich schwer, besonders für Fremde, sich Freuden zu schaffen. Schändliche Spione, die man Keuschheitskommissare nannte, waren die unerbittlichen Quälgeister aller hübschen Mädchen.*

Der „beste Liebhaber aller Zeiten" weilte daher auch nicht sehr lange in der Stadt – die kleinkarierte Monarchin ließ ihn nämlich hinauswerfen.

Als aber immer öfter auch hochadelige Männer ins Visier der Sittenwächter gerieten, blies die moralisch bornierte Kaiserin das Experiment nach wenigen Jahren wieder ab.

Maria Theresia wurde mit zunehmenden außerhäusigen Aktivitäten ihres Gatten immer prüder: Ihre Hofdamen durften sich plötzlich nicht mehr schminken und kein Parfum benutzen – und Franz I. Stephan mochte sich als Hausherr gefragt haben, warum die adeligen

Palastfrauen plötzlich bleich, mit blassen Lippen und ohne jeden Wohlgeruch durch die Hofburg schwirrten.

Von der strengen Hand seiner Mutter profitiert hat Joseph II., der seiner Gemahlin Isabella von Bourbon-Parma offenbar tatsächlich stets treu war – eher unüblich für einen Habsburger. Er pflegte nach dem frühen Tod seiner Gemahlin im Jahr 1763 allerdings diverse „schlampige Verhältnisse", zumeist mit Dienstmädchen oder Prostituierten. Es war allerdings ein offenes Geheimnis, dass seine Majestät nichts oder nur wenig für die käufliche Liebe bezahlen wollte. Vom postkoitalen Geiz des Herrschers zeugt eine Inschrift an der Hauseinfahrt Nr. 13 in der Gutenberggasse (heute Restaurant „Witwe Bolte", 1723 erbautes Barockhaus) am Spittelberg, im ehemaligen Zentrum des Wiener Rotlichtmilieus: Durch dieses Thor im Bogen kam Kaiser Joseph II. geflogen – 1778. Geworfen hat den Sohn Maria Theresias der Wirt des betreffenden Lokals, der vermutlich auch als Zuhälter fungierte. Der Errichtung von offiziellen Freudenhäusern hat sich der Kaisersohn dennoch widersetzt, er soll auf den Vorschlag allerdings grinsend erwidert haben: „Was, Bordelle? Da brauche ich über ganz Wien nur ein großes Dach machen z' lassen …"

Heiraten wollte Joseph II. kein zweites Mal, vertrat er doch die Meinung: „Die Gesellschaft von Frauen ist für einen vernünftigen Mann auf die Dauer unerträglich." Dennoch musste er seine Eheabstinenz beenden, als ihn Maria Theresia ein zweites Mal unter die Haube zwang. Nach zwei Töchtern mit seiner geliebten Isabella kam es zu keinen weiteren Nachkommen mehr – vermutlich deshalb, weil Joseph sich seiner unattraktiven Ehefrau sexuell verweigerte.

Seinen Bruder Leopold II., der ihm auf den Thron folgte und mit seiner Gattin Maria Ludovica dank ihres gemeinsamen Kinderreichtums das habsburgische Nachwuchsproblem löste, nannte Joseph II. einen „trefflichen Bevölkerer" und schrieb ihm einmal: *Fahre fort, lieber Bruder, gesunde Kinder in die Welt zu setzen, die Dir ähnlich sind, Du kannst mich Dir nicht inniger verpflichten, sie werden immer die meinigen bei jeder Gelegenheit sein, dem Staat ist gedient und ich bin der Verpflichtung enthoben, eine Frau zu haben, was ein Zustand ist, den ich verabscheue.*

Es handelte sich bei seiner Schwägerin übrigens um jene Dame, die Joseph viele Jahre zuvor aufgrund ihres wenig attraktiven Äußeren verschmäht und beleidigt hatte. Maria Theresia wollte die „gute Partie" damals aber nicht für immer verlieren und verheiratete Maria Ludovica 1765 daher einfach mit einem anderen ihrer Söhne. Die Neapolitanerin zeigte neben ihren ausgeprägten Muttergefühlen nicht viele Regungen und nahm selbst die Affären ihres Gatten relativ entspannt zur Kenntnis – mit einer seiner Langzeitmätressen, Ballerina Livia Raimondi, soll sie sogar eine tiefe Freundschaft verbunden haben. Ebenso mochte sie Leopolds „große Liebe" Madeleine Bianchi, die sogar ein eigenes Appartement in der Hofburg besaß.

Bei Kronprinz Rudolf, dem melancholischen und zugleich rebellischen Sohn von Kaiser Franz Joseph I. und Sisi, löste ein Skandal den nächsten ab. Die Highlights: Er heiratete heimlich seine Cousine Erzherzogin Maria Antonia, die aus der Toskana-Linie der Habsburger stammte und aufgrund ihres Lungenleidens nicht als offizielle Braut galt, ihrem Liebsten aber dennoch einen Sohn schenkte: Carl Rudolf. Franz Joseph und Sisi bestanden allerdings auf einer Hochzeit mit der belgischen Kronprinzessin Stephanie, die zu heiraten sich der Thronfolger bereiterklärte, nachdem Maria Antonia fünf Wochen nach der Geburt des gemeinsamen Kindes verstorben war (Carl wuchs daraufhin bei der Familie des Rittmeisters Heinrich Pachmann auf).

Zur Brautwerbung am belgischen Hof erschien Kronprinz Rudolf dann mit einer seiner Dauergeliebten Hermine Pick, was ihm eine Ohrfeige seiner Schwiegermutter in spe eintrug, als ihn diese nachts in flagranti mit „Minna" erwischte. Während seiner Ehe zog er, nachdem er seine Gattin mit einer Geschlechtskrankheit angesteckt und unfruchtbar gemacht hatte, mit seiner Geliebten Mizzi Kaspar, der „Grande Cocotte" von Wien, von einem Heurigen zum nächsten. Er wurde aufgrund seiner syphilitischen Schmerzen opiatabhängig und pflegte sich regelmäßig mit Alkohol zu betäuben. Er erschoss sich, gemeinsam mit seiner neuen Geliebten Mary Vetsera, aus Versagensangst und Lebensüberdruss in Mayerling.

Zwischen seinen amourösen Abenteuern nutzte der sensible junge Mann jede Möglichkeit zur Flucht aus der Stadt vor den „größtenteils recht langweiligen Menschen" und beobachtete Vögel. Er vertrat die

Meinung, die Natur sei „eine wahre Quelle der Veredelung, ein Schutz gegen die Verknöcherung im Kampfe der bloßen materiellen Interessen." Blieb ihm zwischendurch noch Zeit, fuhren er und sein Leibfiaker Josef Bratfisch von einem Heurigen zum nächsten, tranken ein ums andere Achterl Wein, bis der eine pfiff und der andere sang. Hin und wieder zeigte sich der Kronprinz auch politisch ambitioniert, wollte die Monarchie abschaffen und die Republik institutionalisieren – dieser Umstand scheint für Verschwörungstheoretiker Beweis genug für die Annahme zu sein, dass ein Mordauftrag für Rudolf existierte, der aus den höchsten Kreisen kam.

Um einen besonders aufmüpfigen, unangepassten und nonkonformistischen Skandalhabsburger handelte es sich bei dem toskanischen Erzherzog Johann Salvator, genannt „Gianni". Trotz musischer Begabung und schöngeistiger Interessen schickte sein Ziehvater Albrecht von Österreich-Teschen den schwer zu zähmenden Burschen, der unter dem Namen „Johann Traunwart" sogar einen Walzer für Johann Strauß komponiert hatte, im Jahr 1865 zum Militär.

1872 brachte er in einem Liebesbrief an eine junge Engländerin erstmals zum Ausdruck, was er von seinem Stand hielt: *Da du nie eine Erzherzogin sein kannst, würde es mich glücklich machen, die Erzherzogswürde zurückzulegen, doch hoffe ich, immer dein liebes Erzherzoglein zu bleiben.*

1886 hielt der systemkritische Rebell im Wiener Militärcasino den Vortrag „Drill oder Erziehung", in dem er den mit teils brutalen Methoden eingeforderten blinden Gehorsam anprangerte und für eine humanere Behandlung der Soldaten sowie für deren Erziehung zu selbstständigem Denken eintrat.

Spätestens im Jahr 1889 erkannte er nach dem Selbstmord seines nicht nur bluts- sondern auch geistesverwandten Cousins und engen Vertrauten Kronprinz Rudolf, dass auch er mit seinen liberalen Ideen und seiner antiklerikalen wie antiaristokratischen Einstellung im Kaiserhaus scheitern würde. Er wandte sich daher von seiner Familie ab, pfiff auf alle dynastischen Regeln und heiratete heimlich die Balletttänzerin Ludmilla „Miltschi" Stubel. Das Paar musste daraufhin laut habsburgischen Hausgesetzen den Boden Österreich-Ungarns sofort verlassen, und „Gianni" nannte sich in der Folge Johann Orth, da er um 1870 im Seeschloss Orth am oberösterreichischen Traunsee einige Zeit gelebt und einige Umbauten im Inneren vornehmen hatte lassen.

Er erwarb 1890 das Kapitänspatent, kaufte sich den dreimastigen Frachtdampfer „Saint Margret" – sein „transportables Palästchen" – und trat mit seiner Gattin in London eine Reise mit dem Ziel Valparaíso in Chile an. Beide sind auf der Überfahrt spurlos verschwunden und wurden 1911 offiziell für tot erklärt. Wahrscheinlich ist, dass das Schiff in der Nähe von Kap Horn in einen heftigen Sturm geriet und unterging, die dunkle See das liebende Paar verschluckte und nie wieder freigab. Gerüchte besagen jedoch, der Habsburger habe überlebt und als Alexander Köhler bis 1945 in Norwegen gelebt.

In Johanns Fußstapfen trat sein Neffe, der toskanische Erzherzog Leopold Ferdinand Salvator, der nach einer aussichtslosen Beziehung zu seiner großen Liebe Elvira von Bourbon im Alter von 16 Jahren ausschließlich Prostituierte heiratete. Später einmal schrieb er über diese schwierige Erfahrung: *Etwas in mir war gebrochen … Was künftig sein sollte, war mir egal; von diesem Momente an habe ich kein weiteres Interesse an der Entwicklung meiner Karriere, meiner ganzen Zukunft. Wozu auch …*

Aufgewachsen am väterlichen Hof in Salzburg, erhielt der romantische Habsburger dank finanzieller Unterstützung seiner Verwandten eine ausgezeichnete militärische Ausbildung. Allerdings geriet der freisinnige Demokrat dabei ins Fadenkreuz von Thronfolger Franz Ferdinand, der ihn ordentlich drillte. Nach einigen Alkoholexzessen und der Drohung, den „Möchtegern-Kaiser" beim gemeinsamen Dienst auf der „Kaiserin Elisabeth" über Bord zu werfen, wurde Leopold Ferdinand nach Brünn versetzt. Später stellte sich heraus, dass Franz Ferdinand ihn auf dem Schiff provoziert hatte, weshalb es zwischen den beiden Männern zum Streit und sogar zu Handgreiflichkeiten gekommen war. Leopold Ferdinand schrieb über den ungeliebten Verwandten in seinen Memoiren: *Mich empörte die verächtliche Art, mit der er die Menschen behandelte. Er sah auf alle von oben herab wie auf niedere Kreaturen. Er wußte von meiner Abneigung und zahlte mir mit gleicher Münze. Bei unseren Begegnungen zog er eine verächtliche*

Johann Orth

Grimasse, seine Lippe schob sich noch um Millimeter weiter vor und hing höchst geringschätzig herunter. Wenn er mit mir sprach, stieß er die Worte so undeutlich zwischen den Zähnen hervor, daß ich manchmal gar nicht verstand, was er meinte. Ich verlor übrigens nichts dabei: er konnte mir sowieso nichts Angenehmes zu sagen haben.

Kurz vor seiner von Kaiser Franz Joseph angeordneten Abreise nach Tschechien schwängerte der aufmüpfige Habsburger noch rasch die Tochter eines Zuckerbäckers und verliebte sich anschließend im Wiener Augarten in Wilhelmine Adamovic, eine Prostituierte mit rotem Haar und dunklen Augen, die ihm ins Ausland folgte.

Nachdem Leopold Ferdinand den Wunsch geäußert hatte, die „Dirne“ zu ehelichen, ließ ihn der Kaiser zuerst in eine Nervenheilanstalt einweisen, danach ins weit entfernte Galizien abschieben, wohin er die Geliebte als Haushälterin mitnahm. Ein Habsburger durfte nämlich beschränkt, exzentrisch und sogar ein Wüstling sein, solange er nur standesgemäß heiratete.

Im Jahr 1902 ehelichte Leopold Ferdinand seine Wilhelmine, nachdem er freiwillig den Dienst bei der Marine quittiert, auf den Adelstitel verzichtet und aus dem Haus Habsburg ausgetreten war. Er trug fortan den Nachnamen Wölfling und wurde von seiner Gattin „Poldi“ oder „Bubi“ gerufen – er nannte sie „Duzzi“. Das Paar lebte in der Schweiz, schloss sich einer Aussteiger-Kolonie an und wurde 1907 wieder geschieden, als Leopold Ferdinand dieses Leben unter Vegetariern und Anarchisten nicht mehr gefiel, Wilhelmine aber bleiben wollte. Als die aufgebrachte Frau Wölfling drohte, sich mit einer Hutnadel zu erstechen, suchte der Ex-Erzherzog schleunigst das Weite. Kurz darauf ehelichte er die Prostituierte Maria Magdalena Ritter, die er zuvor einem Zuhälter abgekauft hatte, und übersiedelte mit ihr in ein kleines Fischernest in der Normandie. Danach zog das Paar in das deutsche Schlangenbad, nahe Wiesbaden, in die „Villa Dagmar“. Doch die Beziehung scheiterte ebenfalls, als Magdalena ständig unterwegs war und von ihrem Mann verlangte, dass er putzte, einkaufte und kochte. Schon bald wurde es Herrn Wölfling zu blöd: Er ging eines Tages außer Haus und hinterließ eine Nachricht mit den Worten: *Ich kehre nicht zurück. Kein Grund zur Besorgnis. Gruß und Dank, Leopold.*

Nach der Trennung von Maria Magdalena bemühte sich Leopold Ferdinand im Jahr 1912 bei der Polizei darum, die Prostituierte Maria Schweikhardt aus der Aufsicht zu entlassen; er wolle für sie sorgen. Doch die junge Frau brannte kurz darauf mit einem anderen durch.

Im Jahr 1922 adoptierte er ein Mädchen namens Aloisia, zog wieder nach Wien und führte mit seiner Tochter eine Greißlerei in Kaisermühlen. Nebenbei schlug er sich mit Kellnerjobs durch, wurde nach 1919 als Ex-Erzherzog und Faktotum der untergegangenen Donaumonarchie herumgereicht und stand bis zu seinem Tod als Conferencier, Schauspieler und Kabarettist auf der Bühne. 75 Mark mussten die Zuschauer damals für eine Karte bezahlen, um Leopold Ferdinand in dem Stück „Rakete“ bewundern zu können, in dem er als Erzherzog in weiter Tropenuniform zwischen knapp bekleideten, sich auf einer plüschigen Sitzgruppe räkelnden Damen seine Jugendfreundin suchte. „Man muss schließlich von was leben“, stellte Herr Wölfling treffend kurz vor seinem Tod in seinen Memoiren fest. 1933 heiratete er in Berlin ein drittes Mal, die 24 Jahre jüngere Klara Hedwig Pawlowski, bis er zwei Jahre später verstarb.

Der ungekrönte „König von Mallorca“, Erzherzog Ludwig Salvator, war nie verheiratet und soll es unter der spanischen Sonne recht bunt getrieben haben – und zwar mit Frauen und Männern. Von einem seiner Jünglinge ließ er sich einmal Briefe mit pornografischen Zeichnungen schicken und wurde anschließend damit erpresst. Der Habsburger bezahlte stillschweigend. Einer seiner Liebhaber beging sogar Selbstmord aus gebrochenem Herzen, so erzählte man es sich auf der Insel, ein anderer erbte den riesigen Besitz. Die Kinder, die während der Affären mit heißblütigen Mallorquinerinnen entstanden, hat er stets gut finanziell versorgt.

Als attraktivster Habsburger aller Zeiten galt Erzherzog Otto Franz Joseph, genannt „Bolla“, Bruder des Thronfolgers Franz Ferdinand und Vater des letzten österreichischen Kaisers Karl I. Der „schöne Otto“ fühlte sich in seiner Rolle als unverheirateter Schwerenöter pudelwohl und war daher nur schwer zum Heiraten zu bewegen. In ganz Wien tratschte man über die Eklats des Bonvivants und Frauenhelden, der ausgelassen mit Damen zweifelhaften Rufs bis in die frühen Morgenstunden feierte, Alkohol in Massen trank und sich den strengen Sitten und Gebräuchen des Habsburgerhauses nur wenig verbunden fühlte.

Während eines seiner Saufgelage war Otto von seinen Freunden ausgesperrt worden und marschierte daraufhin nackt, nur mit einem Säbel und weißen Handschuhen „bekleidet“, durch das Hotel Sacher. Dieser Vorfall zog sogar eine polizeiliche Anzeige durch den zufällig anwesenden britischen Botschafter nach sich, dessen Gattin beim Anblick des entblätterten Erzherzogs in Ohnmacht fiel. Diese „Ungeheuerlichkeit“, wie sich der steife Engländer ausdrückte, führte im Anschluss zu einer peinlichen diplomatischen Verstrickung, worüber Onkel Kaiser Franz Joseph auch nicht gerade erfreut war. Er verdonnerte den lausbübischen Neffen zu zwei Monaten Arrest in einem oberösterreichischen Kloster, in dessen Weinkeller nach der Entlassung des trinkfesten Habsburgers große Lücken geklafft haben sollen. Als weitere erzieherische Maßnahme beschloss Franz Joseph die Vermählung des renitenten jungen Mannes, da es sich für einen 21-jährigen Aristokraten nicht schickte, noch ledig zu sein. Allerdings musste er dafür eine List ersinnen, denn der adrette Erzherzog dachte gar nicht daran, den Hafen der Ehe anzusteuern – schon gar nicht mit der ihm zugedachten unansehnlichen Königstochter Maria Josefa von Sachsen, die schon sein Bruder Franz Ferdinand nicht haben wollte. Und so wurde der Erzherzog auf Befehls des Kaisers betrunken gemacht, was den Verbündeten seiner Majestät keine großen Schwierigkeiten bereitet haben dürfte, und ihm danach der offizielle Heiratsantrag zur Unterschrift vorgelegt. Josefas Vater, so stand es später im Protokoll, nahm sofort an, womit die Vereinbarung nicht mehr rückgängig zu machen war. Otto gab sich geschlagen und ging mit Freunden in eine Bar seine Vermählung feiern. Danach wollte er mit den Zechkumpanen in das Zimmer seiner Zukünftigen im Schloss Augarten eindringen, um die „hässliche Eule" vorzuführen. Er wurde jedoch rechtzeitig abgefangen und zum Ausnüchtern in die Hofburg gebracht. Doch auch dieser Eklat brachte ihn, zum Leidwesen des Kaisers, nicht zur Raison.

Der Erzherzog, der seine Frau als „bigotte Nonne" verspottete, blieb auch nach der Heirat seinem ausschweifenden Leben treu und vergnügte sich mit diversen Damen aus dem Wiener Nachtmilieu.

Er hatte aber auch das ein Talent, andere Menschen zum Lachen zu bringen. Auf langweiligen Familienfesten unterhielt er vor allem die jungen Damen mit seinen Späßen, beispielsweise zeichnete er originelle Karikaturen auf die Rückseiten von Menükarten. Häufig konnten sich sogar die steifsten Lakaien ein Grinsen nicht verkneifen, wenn der Erzherzog bei Tisch zum Scherzen aufgelegt war.

Sein wildes Leben blieb allerdings nicht ohne Folgen: der Lebemann erkrankte um 1900 an Syphilis, die relativ rasch die Rachen-, Hals- und Nasenschleimhäute angriff. Zuletzt konnte Otto nicht mehr sprechen, weil sein Kehlkopf zerfressen war, es musste sogar ein Luftröhrenschnitt gemacht werden, um ihn vor dem Ersticken zu schützen. In den Hofrezeptbüchern sind die letzten Maßnahmen festgehalten:

Ludwig Viktor

Otto bekam Koffeininjektionen zur Anregung des Atemzentrums und Kampferemulsionen zur Pflege seiner Gesichtswunden. Ab 1906 ging es steil bergab, seine letzte Geliebte, die Operettensängerin Luise Robinson, begleitete ihn als „Schwester Martha" in den Tod. Der „schöne Otto" hinterließ zahlreiche Kinder mit seinen Mätressen, sowie den letzten Kaiser von Österreich, Karl I.

Ein ganz besonders originelles Exemplar von Habsburger war der schwule Erzherzog Ludwig Viktor, auch „Luziwuzi" genannt, der jüngste Bruder von Franz Joseph I. und das „rosa Schaf" der Familie – er mochte Männer und zog gerne Frauenkleider an. Zu damaligen

Zeiten wurde das Verhalten von „Luziwuzi" schlicht als bizarr wahrgenommen – auch wenn es der sonst so strenge Kaiser als Beschützer seines „Bubis" eher gelassen nahm und dementsprechend unaufgeregt mit „Was soll man machen … der eine ist so, der andere so" kommentierte.

Zugleich sprach sich Ernst Bischoff, ein zur damaligen Zeit hoch angesehener Professor, dafür aus, dass „die Welt von diesen Scheusalen durch Kastration oder Internierung in einem Narrenhaus zu befreien" wäre.

Das von den Eltern umsorgte und verzärtelte Nesthäkchen hatte daheim Narrenfreiheit, was ihn nicht nur ein wenig respektlos, sondern zu einem exzentrischen Sonderling werden ließ. Als Kind laufend kränklich, kannte er weder militärischen Drill noch höfische Disziplin und lebte als Jüngling mit den familiären Apanagen unbeschwert, und angeblich auch ein wenig tollpatschig, in den Tag hinein.

Erzherzog Ludwig Viktor galt einerseits als ungemein unterhaltsam und schlagfertig, andererseits als geschwätzig, hinterlistig, boshaft und scharfzüngig. Vor allem Kaiserin Elisabeth bezichtigte ihn, durch seine Intrigen Unfrieden in der Familie zu stiften, obwohl der junge Erzherzog seine Schwägerin mit schwülstiger Inbrunst anbetete. Ebenso konnte ihm Thronfolger Franz Ferdinand nie verzeihen, dass er bei dessen umstrittener Eheschließung mit der Bürgerlichen Sophie Gräfin Chotek als einer der Hauptgegner auftrat.

Der originelle junge Mann liebte nicht nur das Theater, er spielte auch selbst sehr gerne eine theatralische Rolle – welche, suchte er sich je nach Stimmung selbst aus. Eine Bedienstete von Kaisern Elisabeth notierte: *Der Erzherzog bewegte sich mit der übertriebenen und preziösen Anmut eines Prinzen des 18. Jahrhunderts.* Er verstand es zudem, sich bei den meisten Frauen am Hof beliebt zu machen: Er vergaß keinen Geburts- oder Namenstag und war immer mit kleinen Geschenken zu Stelle. Außerhalb der Habsburgerresidenz war sein Ruf weniger schmeichelhaft, wie Tagebuchaufzeichnungen der Fürstin Nora Fugger beweisen. Sie schrieb, Ludwig Viktor sei grundverschieden von seinen Brüdern, weder militärisch noch kunstverständig, schwächlich, unmännlich, geziert und von garstigem Äußeren. Zugleich diagnostizierte sie, „Bubis" Zunge wäre „scharf wie die einer Giftschlange".

Ludwig Viktor besaß das Palais am Wiener Schwarzenbergplatz, zudem mit Schloss Kleßheim bei Salzburg einen standesgemäßen Sommersitz. Vor allem fern der österreichischen Hauptstadt und abseits des Kaiserhofs avancierte er als immer noch relativ respektables Mitglied der Herrscherfamilie rasch zum gesellschaftlichen Mittelpunkt der Stadt und veranstaltete rauschende Feste in seinem Domizil. Das bis ins kleinste Detail ausschließlich in den Farben Blau und Weiß eingerichtete Palais, heute das Kavaliershaus, verfügte auch über einen Swimmingpool. Es heißt, der schwule Erzherzog habe sich einen Spaß daraus gemacht, den eingeladenen Offizieren der k. k. Armee in den Umkleiden keine Badehosen bereitzulegen. Die jungen Männer, gutaussehend, gebildet und charmant, mussten dann nackt aus den Kabinen treten, wenn sie ihren Gastgeber nicht brüskieren wollten. Bald wurde den in Salzburg stationierten Soldaten untersagt, Einladungen von Ludwig Viktor anzunehmen. Das tat der Beliebtheit des majestätischen Spaßvogels, der häufig hohe Geldsummen für wohltätige Zwekke spendete, jedoch keinen Abbruch.

Häufig unternahm der Adelsspross auch kleine Reisen und Besuche auf Adelsschlössern, von denen ihm zugetragen worden war, dass dort „etwas los sei".

Dann kam es im Jahr 1868 in Wien zu einem Skandal: „Luziwuzi" bedrängte im „Centralbad" in der Weihburggasse einen Mann so lange unsittlich, bis dieser ihn ohrfeigte. Auch das wurde von der Familie gerade noch toleriert, wenngleich der Kaiser vor Wut bereits bebte. Doch dann verspekulierte der junge Mann im Jahr 1873 anlässlich der ersten Wiener Weltausstellung einen Betrag von 200 000 Gulden – schon wegen kleinerer Beträge nahmen sich Menschen damals das Leben, erhängten sich in ihren Palais oder gingen in die Donau. Doch Luziwuzi fand das alles gar nicht so schlimm … und war zudem auch schon längst mit einer neuen Angelegenheit beschäftigt: seinem Verhältnis zu einem Kutscher.

Da reichte es auch dem ansonsten seinem kleinen Bruder gegenüber so nachsichtig eingestellten Kaiser Franz Joseph: Er befahl Ludwig Viktor, Wien sofort zu verlassen und sich auf Schloss Kleßheim in Salzburg zurückzuziehen. Dort verbrachte der Habsburger den Rest seines Lebens, wurde 1915 „geisteskrank" und entmündigt. Er befand sich nur noch in Begleitung eines alten Kammerdieners und zweier Lakaien, starb 1919 und fand seine letzte Ruhe in seiner Wahlheimat auf dem Siezenheimer Friedhof.

Es folgten ein paar weitere nicht standesgemäße Ehen im Haus Habsburg, die Kaiser Franz Joseph I. einige Nerven kosteten. Das Volk sowie die Gesellschaft im Dunstkreis des Hochadels schenkte diesen „Missgriffen" der Royals immer besonders viel Aufmerksamkeit.

Erzherzog Franz Ferdinand lernte Sophie Chotek, eine Gräfin, die dem böhmischen Uradel entstammte, im Jahr 1894 auf einem Ball in Prag kennen. Die junge Frau arbeitete zu jener Zeit in Preßburg bei dem Habsburger Friedrich von Österreich-Teschen und seiner Gattin Isabella als Hausdame. Das Aristokratenpaar suchte damals gerade passende Ehemänner für ihre Töchter und lud den Thronfolger daher in ihr Palais Grassalkovich ein. Die ehrgeizige Mutter sah bereits eines ihrer Mädchen auf dem Thron sitzen, als der Erzherzog auch in der Folge immer wieder auf einen Kaffee oder ein Tennismatch vorbeischaute. Dass sein Interesse allerdings der hübschen Angestellten galt, ahnte niemand. Franz Ferdinand und Sophie verstanden es jahrelang meisterhaft, ihre Treffen unter völlig harmlosen Vorwänden zu arrangieren, und so konnte sich ihre Beziehung still und leise entfalten. Zwischen den häufigen Besuchen des Erzherzogs transportierte die Postkutsche unzählige zärtliche, raffiniert verschlüsselte Briefe von Wien nach Preßburg – und umgekehrt.

Aufgeflogen ist das Techtelmechtel, als Franz Ferdinand seine Taschenuhr im Palais vergaß, die von Erzherzogin Isabella gefunden wurde. Als sie neugierig den Deckel aufklappte, erblickte sie darin das Bildnis einer jungen Frau – allerdings nicht das einer ihrer Töchter, sondern … der Hausdame.

Da Sophie Chotek nach dem strengen habsburgischen Familienstatut trotz ihrer Herkunft nicht ebenbürtig war, verweigerte Kaiser Franz Joseph I. zunächst die Zustimmung zur Hochzeit. Doch der störrische Franz Ferdinand, unerwarteterweise ein zartbesaiteter, romantischer Kämpfer für die Liebe, setzte seinen Willen durch. Und so stimmte der gestrenge Onkel im Jahr 1900 der Ehe zu – gerührt von dem Brief seines Neffen, in dem er dem alten Kaiser seine Gefühle offenbarte: Er würde ohne Sophie an seiner Seite ein qualvolles Dasein fristen und niemals eine andere Frau heiraten, während sein Herz der Gräfin gehörte. Der Thronfolger musste trotzdem ein Dokument unterzeichnen, in dem er zustimmte, dass nur er alleine den kaiserlichen Titel tragen durfte. Seine Gattin sowie die gemeinsamen Nachkommen sollten „von Hohenberg" heißen und keinerlei Anspruch auf die Krone haben.

Ein Fall von Doppelmoral ereignete sich kurz darauf in der engsten Verwandtschaft: Erzherzog Ferdinand Karl von Österreich, der Bruder von Franz Ferdinand, nahm an dessen Hochzeit mit Sophie Chotek nicht teil, weil er sie „höchst unschicklich" fand. Nur zwei Jahre später verliebte er sich auf dem Wiener Technikerball in die Hofratstochter und Tänzerin Berta Czuber, die zuvor bereits von dem Schriftsteller Robert Musil hofiert worden war. Er heiratete sie heimlich im Jahr 1909 in der Schweiz. Zwei Jahre später plagte den Habsburger das schlechte Gewissen: Er gestand Franz Joseph I., der ihm die Hochzeit aufgrund der Häufung von nicht standesgemäßen Verbindungen ausdrücklich verboten hatte, die Heirat und bat um Verzeihung. Der royale Onkel jedoch blieb hart, und so musste der doppelmoralische Erzherzog das Haus Habsburg verlassen und zog mit dem Nachnamen Burg samt Gattin auf ererbte Güter in Südtirol. Franz Joseph ließ den Namen des unfolgsamen Neffen aus allen offiziellen Urkunden des Kaiserhauses streichen. Betreten durfte der Ex-Erzherzog Wien ein letztes Mal im Jahr 1914, um an den Trauerfeierlichkeiten für seinen ermordeten Bruder Franz Ferdinand und dessen Gattin teilzunehmen.

Aber auch die Damen aus dem Haus Habsburg hatten, was die Liebe betraf, ihren eigenen Kopf und kannten keinen Standesdünkel.

Erzherzogin Luise, die Schwester von Leopold Ferdinand Salvator, heiratete im Jahr 1891 – mehr oder weniger aus Überzeugung – Friedrich August von Sachsen und wurde damit zur Kronprinzessin. Doch die lebenslustige junge Frau kam mit der erzkonservativen Familie ihres Gatten nicht zurecht und fühlte sich von deren verknöcherten Ansichten und Vorschriften eingeengt. Trotzdem gebar sie ihrem Gatten sechs Kinder und litt stumm weiter unter der strengen Dresdner Hofetikette, denn aufbegehren kam nicht infrage. Als es aber immer häufiger zu Spannungen kam, floh Luise, schwanger mit dem siebenten sächsischen Erben, im Jahr 1902 in Begleitung ihres Bruders in die Schweiz. Ebenfalls mit dabei war auch ihr Geliebter, der Französischlehrer ihrer Kinder, der zur Ablenkung für Polizei und Kaiserhaus durch seinen Notar eine falsche Spur nach Brüssel legen ließ.

Das sächsische Königshaus leitete daraufhin die Scheidung der Ehe ein, was Luise dazu berechtigt hätte, ihren früheren Namen und den Titel einer Erzherzogin von Österreich wieder anzunehmen. Das gefiel Kaiser Franz Joseph I. aber gar nicht, und so ließ er die junge Frau im Jahr 1903 kurzerhand aus dem genealogischen Verzeichnis der Mitglieder des Hauses Habsburg streichen. Sie erhielt den Titel „Gräfin von Montignoso" und sollte laut kaiserlicher Anordnung in der Schweiz bleiben. Luise trennte sich bald darauf von dem Französischlehrer und zog nach Lyon, dann auf die Isle of Wight und später nach Florenz. Im Dezember 1904 versuchte sie mit ihrem neuen Liebhaber Conte Carlo Guiccardi in den sächsischen Königspalast einzudringen, um ihre Kinder wiederzusehen, was jedoch misslang. Drei Jahre später heiratete sie den Musiker Enrico Toselli und gebar ihm einen Sohn. 1912 wurde jedoch auch diese Ehe getrennt, Luise zog alleine nach Mallorca, später nach Brüssel und nannte sich Antoinette Maria Comtesse d'Ysette. In der belgischen Hauptstadt verstarb sie verarmt als Blumenfrau und wurde im deutschen Kloster Hedingen beigesetzt.

Ihr Schicksal erregte derart viel Aufsehen, dass zu Beginn des 20. Jahrhunderts ein Couplet mit dem Titel „Luise und Giron" erschien, gegeben von Karl Valentin, der damit große Erfolge erzielte. Zudem wurde der Lebenswandel der ehemaligen Erzherzogin aus dem Haus Habsburg zum Gegenstand zweifelhafter Studien jener Zeit, etwa in der Schrift „Das hysterische Weib in Familie und Gesellschaft. Ärztlich-psychologische Betrachtungen zum Falle der Kronprinzessin von Sachsen".

Aber auch zwei seiner Enkelinnen bereiten Franz Joseph I. Sorgen.

Erzherzogin Elisabeth Marie von Bayern verließ im Jahr 1893 als 19-Jährige heimlich die Münchner Residenz ihrer Eltern, um sich in Mailand mit Otto Freiherr von Seefried trauen zu lassen. Angesichts des tobenden Vaters, Leopold von Bayern, zeigte sich der Großvater nachsichtig und gewährte dem jungen Paar in Österreich Asyl. Zudem nahm er den Gatten seiner Enkeltochter in die k. k. Armee auf und besuchte das Paar samt deren fünf Kindern häufig in ihrem Haus in der Hietzinger Hauptstraße.

Eine andere Enkelin des Kaisers wollte ebenfalls nicht so, wie sie sollte: Erzherzogin Elisabeth, genannt „Erzsi“, die einzige Tochter von Kronprinz Rudolf und seiner Gattin Stephanie von Belgien. Sie verliebte sich 1900 in Prinz Otto zu Windisch-Graetz, den sie gegen den ausdrücklichen Wunsch ihres Großvaters heiraten wollte.

Franz Joseph, mittlerweile Kummer mit der Familie gewohnt, willigte schließlich murrend in die Ehe ein, obwohl er lieber den deutschen Kronprinzen Wilhelm an der Seite seiner Enkelin gesehen hätte. Dafür musste „Erzsi“ dann auch aus dem Haus Habsburg ausscheiden und auf alle Ansprüche verzichten. Die 1902 geschlossenen Ehe, aus der vier Kinder hervorgingen, verlief jedoch nicht glücklich, sie war durch häufige beiderseitige Untreue und Eifersucht gekennzeichnet. In dieser Zeit hatte die Erzherzogin vermutlich eine Affäre mit dem U-Boot-Kapitän Egon Lerch, der allerdings 1915 im Ersten Weltkrieg fiel. Im selben Jahr wollte sich Elisabeth scheiden lassen, was jedoch weder ihr Gatte noch der alte Kaiser erlaubte. Nach dem Tod von Franz Joseph I. sowie einem Sorgerechtsstreit und einer Schlammschlacht vor Gericht war Rudolfs Tochter erst 1948 endgültig geschieden. Sie lebte als überzeugte Sozialdemokratin, was ihr den Spitznamen „die rote Erzherzogin“ einbrachte, mit ihren Kindern im niederösterreichischen Schloss Schönau. Auf einer Wählerversammlung lernte sie ihren zweiten Ehemann, Leopold Petznek, kennen, den sie 1948 heiratete.

Einer der ersten männlichen Habsburger, der eine Bürgerliche ehelichte, war übrigens Erzherzog Johann, der „Reichsvermoderer“ (eigentlich Reichsverweser, ein Titel des Oberhaupts einer provisorischen Zentralgewalt). Er hatte sich in die steirische Postmeistertochter Anna Plochl verliebt und wurde daraufhin nach der Hochzeit von seinem Bruder Kaiser Franz II./I. von der Erbfolge ausgeschlossen.

Und dann gab es auch noch den bisexuellen Robin Hood im Haus Habsburg: den in Kroatien geborenen Erzherzog Wilhelm, aufgrund seiner sozialen Gesinnung auch als „roter Prinz“ bezeichnet. Er fühlte sich bereits in seiner Jugend den Ukrainern verbunden, reiste ohne Wissen des Vaters mit 17 Jahren inkognito zweiter Klasse in die

Karpaten, lernte die Menschen dort kennen und wurde einer von ihnen.

Im Ersten Weltkrieg kämpfte Wilhelm als Heerführer der „Ukrainischen Legion" im Land gegen die Bolschewiken und zugleich für die Rechte der armen Leute. Da er unter seiner Armeekleidung meist ein besticktes ukrainisches Folklorehemd trug, wurde Wilhelm bald „Vasil Vyshyvaniy" (ukr. für „Wilhelm der Bestickte") genannt – ein Name, den er auch später seinem tatsächlichen vorzog. Nach dem Ende des Ersten Weltkriegs arbeitete er in Madrid als Immobilienmakler, hielt sich dazwischen an der Côte d'Azur auf und zog anschließend nach Paris. Dort wurde er schnell Teil der High Society, galt als Playboy, und landete häufig in den Schlagzeilen der Boulevardpresse. Er genoss sein Leben im Luxus und pflegte zahlreiche Beziehungen zu Revuegirls, ebenso wie zu jungen Herren aus dem Jetset. Aufgrund häufiger Aufenthalte in Schwulenbordellen, teilweise auch in Frauenkleidern, der Veranstaltung orgiastischer Partys und eines generell ausufernd protzigen Lebenswandels, häufte Wilhelm nach und nach jede Menge Schulden an. 1935 wurde er von seiner Geliebten, einer landesbekannten Hochstaplerin, in einen betrügerischen Finanzskandal verwickelt und flüchtete daraufhin vor der Exekutive nach Wien. Dort setzte er sich neuerlich für die Unabhängigkeit der Ukraine ein und geriet aus diesem Grund 1938 ins Visier der Gestapo. Sein Cousin Otto von Habsburg nötigte ihn daraufhin zum Austritt aus dem erlauchten Orden vom Goldenen Vlies.

„Der Bestickte" überstand den Zweiten Weltkrieg unbeschadet, wurde dann jedoch 1947 während der russischen Besatzungszeit vom sowjetischen Militärgeheimdienst „Smersh" gekidnappt und in Kiew als Spion zu 25 Jahren Haft verurteilt. Er verstarb bereits ein Jahr später im Gefängnis an Lungentuberkulose. Für seine Angehörigen galt er als verschollen, da seine Verschleppung offiziell nie stattfand, 1952 hat man die Suche nach ihm eingestellt.

SKURRILE FAKTEN UND AMÜSANTE ANEKDOTEN

Skurrile Heiligenverehrung und eine Rotweinleiche

Rudolf IV., der den Grundstein zum Bau des Stephansdoms legte, hat aufgrund einer an Besessenheit grenzenden Heiligenverehrung seine spätere Grabeskirche mit Reliquien überhäuft: Stein, mit dem der hl. Stephan (Namensgeber des Stephansdoms) gesteinigt wurde, Erde vom Jordanufer, Brot von der Speisung der Fünftausend, Weihrauch der Heiligen Drei Könige, ein Tischtuch vom Letzten Abendmahl und ein Zipfel des Grabtuchs Jesu.

Nach seinem Tod 1365 in Mailand, vermutlich nach einer bakteriellen Infektion, wurde sein Leichnam in Rotwein eingelegt, danach in eine schwarze Rinderhaut eingenaht und über die Alpen nach Wien transportiert. Sein Bruder Herzog Leopold bezahlte für diese Überstellung 70 Gulden.

Über der Rinderhaut lag ein kostbarer Mantel aus persischem Seidenbrokat mit roten und grünen Ornamenten, zu sehen heute im Wiener Dom- und Diözesanmuseum.

Der Zopforden

Albrecht III. muss das Regieren zu langweilig gewesen sein, da er sich keinem der damals gängigen Ritterorden anschloss, sondern eine eigene Vereinigung gründete: den „Zopforden“ oder „Orden von der Locke“. Die männlichen Mitglieder trugen nicht nur das lange Haar zum Zopf geflochten, sondern auch noch einen Halsreif aus Silber in Form eines Zopfes sowie eine Tracht mit eigens dafür entworfenem Design.

Angeblich hatte das Geschenk einer Dame, die dem Herrscher ihren abgeschnittenen Zopf als Zeichen der Unterwerfung überreichte, den Anlass zur Gründung dieser Gemeinschaft gegeben, der als Vorläufer des Ordens vom Goldenen Vlies gilt.

Der adelige Minnesänger

Friedrich IV. „mit den leeren Taschen", der die kurzlebige, ältere Tiroler Linie der Habsburger begründete, dürfte viel Spaß am Verkleiden gehabt haben. Ihm wird nachgesagt, dass er sich als armer Schlucker unters Volk oder als Knecht unter die Bauersleute mischte, um die Stimmungen bei den „einfachen Leuten" einzufangen. Im Jahr 1416 soll er in Gestalt eines Minnesängers aus der Gefangenschaft in Konstanz zurück nach Tirol geflüchtet sein und in Gestalt eins Troubadours auch so manches Lied unter den Fenstern holder Damen geträllert haben.

Der lesefaule Friedrich

Friedrich III. verschenkte, wenn er Präsente überreichen musste, gerne Bücher – durchaus wertvolle Gaben, da der Buchdruck noch nicht erfunden war und es sich bei den Werken um Unikate handelte. Er selbst hatte wenig Interesse am Lesen und war an den Inhalten nicht interessiert, wie ein Zeitgenosse seiner Majestät einmal spöttisch anmerkte: „Der Kaiser gibt den Lorbeer, aber er kann ihn nicht schätzen. Eher liebt er das Lied, wie der Barbar es singt." Dennoch gab der Monarch „Die Geschichte Österreichs" bei dem Historiker Thomas Ebendorfer in Auftrag – ein Prestigeobjekt für seine „Scheinbibliothek".

Als der gute Mann seinen umfangreichen Wälzer bei Friedrich ablieferte, verschlug es dem die Sprache. Erschrocken bat er um eine Kurzfassung, damit er Auskunft geben konnte, sollte ihn jemand über seine Ahnen und die Vergangenheit des Landes befragen.

Der Erfinder

Philipp I. von Kastilien ließ sich auf einem Schiff während einer stürmischen Überfahrt von Belgien nach Spanien in einen Ledersack einnähen, der aufgeblasen und außen mit seinem Titel und Namen versehen wurde. Er wollte sich erstens beim Herumschlittern auf den nassen Planken nirgends anstoßen und verletzen und darüber hinaus im Falle des Kenterns nicht untergehen. Wäre er dennoch ertrunken, so sollte man zumindest wissen, wer in dem angeschwemmten Sack steckte, hätte man seine Leiche irgendwann gefunden. Seine Gattin Johanna „die Wahnsinnige" blieb gelassen: Sie saß die ganze Zeit über zu den Füßen ihres geliebten Gemahls und beruhigte das Nervenbündel mit leise gesungenen spanischen Liedern.

Der Reformkaiser Joseph II. ordnete an, dass Verstorbene zwecks rascherem Verwesungsvorgang ohne Sarg beigesetzt werden sollten: nackt in eine Art Beutel eingenäht. Die sterblichen Überreste wurden im „Josephinischen Klappsarg" zu den Katakomben transportiert und über dem Loch in die Tiefe ausgekippt. Das Volk rebellierte gegen diese heidnische Art der Bestattung, und so musste der Kaiser zurückreformieren.

Habsburgerhumor I.

Margarete, die Tochter von Maximilian I., war als dreijähriges Kind dem späteren französischen König Karl VIII. per Ehevertrag zugesichert worden und daher auf dem Hof ihres zehn Jahre älteren Bräutigams aufgewachsen. Der heiratete 1491 jedoch eine andere und schickte Margarete in ihre niederländische Heimat zurück. Ihr Vater verheiratete das Mädchen daraufhin mit Johann von Kastilien, um seinen Einfluss auf Spanien zu verstärken – sein Sohn, Philipp I., hatte ein Jahr zuvor bereits Johanns Schwester, „la Loca" Johanna, geheiratet.

Margaretes Überfahrt zu ihrem Bräutigam gestaltete sich aufgrund schwerer Stürme sehr turbulent, doch die Habsburgerprinzessin verlor in dieser lebensgefährlichen Situation nicht die Nerven: Sie wickelte ihren Schmuck in ein Tuch, band es sich um den Arm und versah es mit ihrem Namen, damit man ihre Leiche identifizieren konnte, sollte diese nach dem Ertrinken an Land gespült werden. Sie dichtete in den bangen Stunden auf See außerdem einen schwarzhumorigen Spruch für ihren Grabstein: *Hier ruht Margarete, die edel Dame, welche zwei Ehemänner hatte und doch als Jungfrau starb.*

Mit Pauken und Trompeten

Die ältesten Belege für eine Hofkapelle stammen aus dem Jahr 1296: Herzog Albrecht bezeichnete sich in einer Urkunde als „fundator capellae castris Vienensis" (Gründer der Kapelle der Burg zu Wien). Anschließend wurde das Orchester unter weiteren Habsburgern stetig vergrößert. Maximilian I. bekam bei Herrschaftsantritt bereits ein riesiges internationales Ensemble. Die Musik nahm an seinem Hof eine wichtige Stellung ein und stellte einen unentbehrlichen Teil der kaiserlichen Repräsentation dar.

Zu Beginn des 15. Jahrhunderts bestand die royale Kapelle aus rund 50 anerkannten Musikern, die sich zu gleichen Teilen aus Sängern, Sängerknaben und Instrumentalisten zusammensetzten. Die Künstler waren zwar in Wien stationiert, mussten aber zu gegebenen Anlässen mit dem kaiserlichen Tross quer durch das Reich ziehen, um bei Feierlichkeiten aufzutreten. Die Kosten für die Reisen und Extra-Kleidung mussten sie jedes Mal bei Maximilian erbetteln – oft vergeblich, wie verzweifelte mehrmalige Ansuchen verschuldeter Hofmusiker belegen.

Der „echte" Basilisk

Irgendwo in einer Ecke des Naturhistorischen Museums in Wien steht ein Glasgefäß, in dem sich ein in Spiritus eingelegter „echter" Basilisk befindet, den sich einst Kaiser Rudolf II. für seine Sammlung von Kuriositäten hatte andrehen lassen. Es handelt sich dabei um einen Rochen, der zerschnitten, gefaltet und falsch wieder zusammengenäht wurde, sodass Beine, Flügel und Hörner entstanden. Unter den Nasenlöchern, die aussehen wie Augen, sitzt ein breit lächelndes Maul, das den Betrachter zu verhöhnen scheint.

Der „Fotzenpoidl“

Die bekannte „Habsburgische Unterlippe“ soll bei einigen männlichen Familienmitgliedern besonders stark ausgebildet gewesen sein. Das charakteristische Merkmal ist heute beispielsweise an der Statue von Kaiser Leopold I. an der Pestsäule am Wiener Graben zu bestaunen, die auch „Fotzenpoidl“ genannt wird. Es heißt allerdings, dass an dem Denkmal die Mundpartie übertrieben missgestaltet dargestellt wurde, weil der Monarch dem Erbauer der Säule nicht den ausgemachten Lohn bezahlen wollte.

Die türkische Habsburgerhochzeit

Im 18. Jahrhundert entwickelte sich in österreichischen Hochadelskreisen der Modetrend „alla turca“ – man eiferte also dem Feind nach, da die Osmanen für die Habsburgermonarchie häufig eine reale Bedrohung dargestellt hatten. Erzählungen der Kuriere vom exotischen Konstantinopel (heute Istanbul) und durch die Kunst verbreitete Bilder eines üppigen Orients boten die Vorlage für Mode, Einrichtung und Dekoration im türkischen Stil.

Auch am Kaiserhof kleidete man sich in landestypische „Trachten“ und tanzte auf Bällen in orientalischen Kostümen. Sogar Hochzeiten wurden im Stil des Exotismus zelebriert, beispielsweise die Feier anlässlich der Trauung von Erzherzogin Josepha mit dem sächsischen Kurprinzen Friedrich August II. im Jahr 1719.

Maria Theresia kleidete sich nur als Schauspielerin osmanisch und trat im Burgtheater bei der Aufführung der Oper „Die Entführung aus dem Serail“ in Pluderhosen und bunten Seidengewändern auf.

Besonders angetan vom Orientstil war Kronprinz Rudolf, Sisis Sohn, der sich in den 1880er-Jahren im ehemaligen „Gobelinsalon“

der Wiener Hofburg ein Arbeitszimmer „alla turca" einrichten ließ. Das Inventar bestand aus bunten Teppichen, einem mit rot-goldenem Stoff bezogenen Diwan, darauf große Kissen mit gedrehten Kordeln und dicken Quasten, einem arabischen Rauchertisch, einem Tisch mit Perlmuttintarsien, einem orientalischen Schrank sowie einem türkischen Hocker mit gebogenen Beinen.

Die übrigen Habsburger jener Zeit entzogen sich hingegen jeder Art von innenarchitektonischer Neuerung – dem Thronfolger Franz Ferdinand wird folgende Aussage zugeschrieben: „Aber der Maria Theresianien-Stil ist mir doch der liebste."

Kulinarische Kaiser

Franz I. Stephan von Lothringen und seine Gattin Maria Theresia aßen beide sehr gerne – und sehr gerne gut. Jedoch achtete das Herrscherehepaar auch darauf, dass das Volk keinen Hunger leiden musste, weshalb unter ihrer Regentschaft erstmalig „tartuffeln" (Kartoffeln) nicht nur als Blumen bewundert, sondern großflächig als Nahrungsmittel angebaut wurden.

Zugleich zelebrierten die Royals sonderbare Tischmanieren und pflegten seltsame Geschmackserlebnisse: Da zu jener Zeit der Pfeffer sehr en vogue war und dessen Verwendung als besonders vornehm galt, rückte man diesen stets in den Mittelpunkt der Tafel, um Reichtum zu demonstrieren. Franz Stephan soll sogar alle seine Getränke leicht gepfeffert haben. Und die Uniformen der statt der Rumorwache eingeführten Militär- und Polizeiwache bestanden aus „pfeffergrauem Tuche".

Morbide Maria Theresia

Es heißt ja, die Wiener seien morbide – und das waren wohl auch schon die Habsburger. So sprach beispielsweise Maria Theresia im Jahr 1754 beim Anblick des Doppelsargs, den sie und ihr Gatte Franz I. Stephan bereits zu Lebzeiten in Auftrag gegeben hatten: „Hier wird einmal gut ruhen sein."

Die Leibspeise ihrer Majestät

Originalrezept der gewickelten Krebsgermnudeln, einer Leibspeise von Maria Theresia:

Nihm ein Pfund Mehl in einen Weidling, gib ein Seitel laulichtes Obers hinein, schlage sechs Eyerdötter darain, und zwey Löffel voll Germ, sprüdle es ab, und laß es durch ein Sieb in das Mehl laufen, hernach mache den Teig an, schlage ihn ab, und laß ihn im Weidling ein wenig gehen, gib ihn auf das Nudelbrett heraus, und walke ihn aus wie zu einem Websennest, hernach laß einen Vierting Krebsbutter zerschleichen, streiche ihn ganz über den Flecken, läge gewürfelt geschnittene Krebsschweifel darauf, radle es mit dem Krapfenradel ab, rolle es zusammen, daß sie aber nicht zu dick werden, laß es noch ein wenig gehen, gib Gliedhoch Obers in eine weite Rein, und wenn es siedet, so lege sie schön ordentlich hinein, bestreiche es in der Höhe mit Krebsbutter, und decke es zu, oder gib ein Plattel mit Glut darauf.

Kampf gegen die Unmoral

Maria Theresia war nicht die erste, die „unsittliches Benehmen von Weibsbildern" ahndete, schon etliche Monarchen vor ihr führten in Österreich einen erbitterten Kampf gegen die Unmoral – auch wenn sie es selbst oft mit Achtung, Treue und Monogamie nicht so genau nahmen.

Bereits Kaiser Maximilian I. verbot im 15. Jahrhundert die Prostitution. Ferdinand I. richtete 1560 eine „geheime Keuschheitskommission" ein, von deren Beamten „etliche verdächtige und leichtfertige Örter" in Wien überwacht wurden. Die Strafen für Dirnen und ihre Freier konnten bis zur Exekution führen. 1633 erließ Ferdinand II. eine Verordnung über „Tugendsambe Lebensführung" – wer sich nicht an die Regeln hielt, dem schnitt man ein Ohr ab.

Das Schoßhündchen Ihrer Majestät

Während sich die schlanke, sehnige Sisi mit großen, muskelbepackten Vierbeinern umgab, zog die pummelige Maria Theresia kleine kuschelige Hündchen vor. Ihr Lieblingsschloss- und Schoßhündchen hat es sogar ins Naturhistorische Museum geschafft – der Phaléne, eine Art Zwergspaniel, ist dort ausgestopft zu bewundern. Bereits im 15. Jahrhundert umgab sich der europäische Hochadel bevorzugt mit Hunden dieser aus Spanien stammenden Rasse, was auf diversen Gemälden ersichtlich ist.

Maria Theresias Sohn Joseph II. war eifersüchtig auf die kleinen Tiere, die Maria Theresia – im Gegensatz zu ihren Kindern – verzärtelte und verwöhnte. Sie durften überall frei herumlaufen, weshalb es wenig verwundert, dass Joseph II. als Kaiser später die Leinenpflicht für Hunde einführte. Sein kindliches Trauma führte sogar soweit, dass er die Verordnung auf der Straße inkognito kontrollierte. Im selben Gesetz hieß es: *Italiener mit Affen, Hunden und Tanzbären sind nicht zu dulden.*

Seine Schwester Marie Antoinette geriet hingegen ganz nach ihrer Mutter: Sie verwöhnte ihren Hund „Mops" am französischen Hof täglich mit einem gebratenen Huhn, während die Bevölkerung Hunger litt.

Maria Theresia finanzierte außerdem den Rüdenhof in Wien (Dietrichgasse 16-18), in dem sich Mitte des 18. Jahrhunderts bis zu hundert kaiserliche Jagdhunde aufhielten. Die Vierbeiner hatten einen eigenen Bäcker, der für sie das Brot herstellte. Fleisch erhielten die Tiere damals eher selten.

Gesellschaftsspiele à la Habsburg

Obwohl der Modetrend „alla turca" im 18. Jahrhundert Einzug in Wien hielt, frönte man bei Hof zugleich einem martialischen Brauch, der den Triumph über den Feind symbolisierte: das Stechen mit Degen und Lanzen nach Türkenköpfen aus Pappmaché oder Holz. So richtete etwa Maria Theresia im Januar des Jahres 1743 anlässlich der

Wiedereroberung Prags in der Winterreitschule der Hofburg ein Fest aus. Dabei wurde unter anderen Vergnügungen und Spielen auch ein „Damenkarussell“ ausgetragen, bei dem die Teilnehmerinnen inklusive der Kaiserin von einem Wagen aus nachgebildete Türkenköpfe aufspießten. Nach dem Fest fuhr Maria Theresia mit ihren Kampfgenossinnen und der „Beute“ im Karussell-Wagen rund um den Michaelerplatz, damit auch die Wiener Bevölkerung die Festgesellschaft bestaunen konnte. Das „Türkenkopfstechen“ hielt sich in Wien als beliebtes höfisches Vergnügen noch bis ins 19. Jahrhundert.

Habsburgerlogik

Um eine Stelle zu erhalten, erschienen zugleich drei Bewerber bei Kaiser Joseph II., der die Männer nach ihren Verdiensten fragte. Der erste sagte: „Ich bin von Adel und habe meinen Sitz durch zwanzig Jahre innegehabt, bin aber durch die Kriegsunruhen vertrieben worden.“ Der zweite erklärte: „Ich bin Soldat und viele Jahre in den Niederlanden gelegen.“ Der dritte antwortete auf die Frage, welche Qualifikationen er vorweisen konnte: „Ich bin Lehrer und habe 24 Jahre einer Schule vorgestanden.“ Da entschied Joseph II.: „Da der Edelmann so lange gesessen, der Soldat so lange gelegen, der Schullehrer aber 24 Jahre lang gestanden ist, so gebe ich Letzterem das Amt.“

Kaiser Josephs II. Abneigung gegen Clowns

Maria Theresias Sohn war dafür bekannt, seine Liebe zur Einfachheit und Natürlichkeit jederzeit kundzutun. So versicherte ihm einst Prinzessin Elisabeth, Ehefrau des späteren Kaisers Franz II./I., alles tun zu wollen, um ihm zu gefallen und sich seinem Willen in jeder Hinsicht zu beugen. Der Monarch, damals bereits kurz vor seinem Tod, bat sie anschließend darum, dass sie sich niemals schminken und auch ihre Hofdamen dazu bewegen sollte, dies zu unterlassen. Farbe im hübschen Gesicht einer Frau sei ihm ein Gräuel. Aus Gesundheitsgründen verbot er Mädchen außerdem das Tragen von Korsettstangen.

Joseph II. hat auch bemalten Spaßmachern ablehnend gegenüber gestanden und sich vor dem Hanswurst der Wiener Vorstadtbühnen geradezu gefürchtet, weshalb er „burleskenhafte Lumpenspiele" letztlich auch verbot. Als Zugeständnis an den Spaß, den seine Untertanen im Theater haben wollten, ordnete er im Jahr 1776 per Dekret die Verbannung allzu trauriger Stücke vom Spielplan sowie den „Wiener Schluss" (Happy End) an. Hierfür mussten auch Tragödien umgeschrieben werden, sodass beispielsweise das Schauspiel „Romeo und Julia" à la Joseph II. fröhlich endete. Als Pendant dazu existierte mehr als hundert Jahre später nach Kronprinz Rudolfs Tod die Anordnung, auf den Wiener Bühnen keine Stücke aufzuführen, in denen Selbstmorde vorkamen.

Joseph II. schuf zudem teilweise recht absurde Gesetze. So ließ er etwa *das muthwillige Schreien und Händeklatschen auf der Gasse* verbieten, ebenso den Genuss von Pfefferkuchen, er bestimmte zudem, wie oft die Leibwäsche zu wechseln sei und reglementierte die Anzahl der Kerzen in den Kirchen sowie den Petersilienverbrauch auf Schloss Schönbrunn.

Es wird aber auch vom zeitweise schrägen Humor Josephs II. berichtet. So soll ihn einmal der Wirt einer Gastwirtschaft, in welcher er anonym als ein Gesandter des Regenten abgestiegen war, beim Rasieren beobachtet und anschließend gefragt haben, welches Amt er beim Kaiser bekleide. „Ich rasiere ihn zuweilen", gab der volksnahe Joseph daraufhin zur Antwort.

Des Kaisers heiliger Pflug

Da staunte der Knecht Jan Kartoš nicht schlecht, als der volksnahe Kaiser Joseph II. an einem lauen Sommerabend im August 1769 am Straßenrand anhielt, aus seiner Kutsche stieg und auf ihn zueilte. Noch mehr staunte der Mann, als seine Majestät nach dem Pflug griff und im Schweiße seines Angesichts das Feld, welches sich in Slavikovice nahe der Stadt Brünn befand, umzuackern begann.

Die Bewohner des kleinen Dorfes konnten die Geschichte, die ihnen Jan Kartoš noch am selben Tag abends erzählte, kaum glauben.

Dennoch verehrten sie den Pflug, den der Kaiser gelenkt hatte, ab jenem Zeitpunkt wie ein Heiligtum. Später wurde das Ereignis auch noch touristisch vermarktet: Man hat auf dem betreffenden Acker nacheinander fünf Denkmäler errichtet, die an die Begebenheit erinnern sollten, und zudem zahlreiche Medaillen, Gemälde und Postkarten – außerdem eine eigene Banknote – mit dem pflügenden Joseph II. angefertigt. Das landwirtschaftliche Gerät kam ins Museum und landete 1837 sogar auf der Weltausstellung in Wien – versichert für 50 000 Gulden! Heute steht des Kaisers heiliger Pflug im Mährischen Museum in Brünn.

Marie Antoinettes kleine Welt

Zurückgehend auf die strategische und zugleich rücksichtslose Heiratspolitik der Habsburger, musste Maria Antonia auf Geheiß von Mutter Maria Theresia im Jahr 1770 den Thronfolger Ludwig August von Frankreich heiraten und zu ihrem Mann nach Paris übersiedeln. Aus ihr wurde Marie Antoinette, die 1793 während der Französischen Revolution – neun Monate nach ihrem Gatten König Ludwig XVI. – hingerichtet wurde.

Um sich etwas wohler in der neuen Heimat zu fühlen und sich dem Trubel des Hoflebens hin und wieder zu entziehen, ließ Marie Antoinette im Park des Schlosses von Versailles ihr „Hameau de la Reine" („Weiler der Königin") errichten. In dem Dörfchen inmitten der ländlichen Idylle einer bunten Gartenanlage im englischen Stil stand ein Haus mit luxuriösem Boudoir, Billardzimmer und Ballhaus. Auf dem Areal befanden sich außerdem ein Bauernhof, eine Fischerei, eine Mühle, ein Taubenhaus und ein Aussichtsturm. 1785 siedelte Marie Antoinette dort eine französische Familie an, welche die bäuerliche Wirtschaft in Betrieb halten und in der Funktion von Statisten das stimmungsvolle Bild ihres Dörfchens abrunden sollte. Mit diesem kostspieligen hauseigenen Idylle im Schlosspark machte sich die Königin beim Volk allerdings sehr unbeliebt.

Der erste Bio-Bauer

Erzherzog Johann, Enkel von Kaiser Franz I. Stephan und Maria Theresia, Bruder von Kaiser Franz II./I., war Zeit seines Lebens mehr Landwirt als Adeliger, hielt sich mehr in der Gesellschaft von einfachen Leuten auf, als sich mit Aristokraten zu umgeben, und zog die Natur in Tirol und der Steiermark dem Wiener Hof vor.

Zu Beginn des 19. Jahrhunderts wollte er die Sommerresidenz seines Bruders, Schloss Schönbrunn, mit einem Stück Bergidylle verschönern, und ließ oberhalb des Tiergartens den Tirolergarten anlegen. Es handelte sich um ein Bauernhaus im Tiroler Stil mit Nebengebäuden, wo er eine Viehwirtschaft betrieb und mit der Veredelung von Obstbäumen experimentierte. Auf dem Platz dieses „Tirolerhofs" steht heute der Haidachhof, und wo sich damals eine Scheune befand, hat der damalige Zoodirektor Helmut Pechlaner 1997 ein Gasthaus erbauen lassen, das architektonisch an das Gut des Habsburgers erinnert.

Ebenso legte der Erzherzog mit dem grünen Daumen mit seinen Brüdern in Schönbrunn eine Gebirgsblumensammlung an, die 1865 in den Park des Belvederes übersiedelt wurde. Es handelt sich dabei um den ältesten Alpengarten Europas mit zahlreichen historisch wertvollen Pflanzen.

Habsburgerhumor II

Die Habsburger waren durchaus auch für ihren Galgenhumor und ihren Sarkasmus bekannt – so auch Maria Ludovica, die Mutter von Kaiser Franz II./I. Als ihr Sohn zu Ungunsten seiner Tochter Luise einen Pakt mit dem Teufel schloss und sie an Napoleon verheiratete, um Reich und Macht zu retten, war sie empört über dieses politische Manöver. Sie äußerte gegenüber ihren Hofdamen: „Es gibt Schmeichelhafteres für eine in die Jahre gekommene Dame, als des Teufels Großmutter zu werden."

Aber auch Kaiser Franz II./I. besaß schwarzen Humor. Nachdem drei seiner Ehefrauen vor ihm gestorben waren, bemerkte er beim Anblick seiner vierten Gattin in spe, der um 24 Jahre jüngeren Karoline

Auguste: „Wenigstens hab ich dann nicht in ein paar Jahren wieder eine Leich'!" Tatsächlich starb die Dame 28 Jahre nach ihrem „Herzensmännchen".

Der Monarch als zweite Geige

Obwohl Franz II./I. für das Erblühen der Kurstadt Baden sorgte, spielte er in der Stadt dennoch nur die „zweite Geige". Er wollte unbedingt im Streichquartett des Apothekers und Bürgermeisters Johann Nepomuk Trost mitspielen – und man konnte das dem Kaiser schlecht verwehren, doch zur Sicherheit überließ man ihm nur … die zweite Geige. Offenbar fürchtete man aufgrund der mangelnden musikalischen Qualitäten des Monarchen, der in der Regel nur schräge Töne produzierte, dass das Konzert zum Desaster werden könnte. Hinter seinem Rücken wurde sein Gefiedel als „hölzernes Gelächter" verspottet.

Angeblicher Kommentar des Kaisers zu dieser Herabsetzung: „Ja, aber in Wien, da spiel' i' die erste Geigen!"

Das „Haus der Launen"

Franz II./I. war leidenschaftlicher Hobbybotaniker, und legte in seiner Residenz in Laxenburg einen Park im englischen Stil an, leitete Flüsse um, legte einen Teich an, schuf eine künstliche Insel und errichtete darauf seine Franzensburg. Von Burgen und Klöstern aus dem ganzen Land ließ er altes Gemäuer heranschaffen und setzte es nach Lust und Laune neu zu einem Stück Mittelalter zusammen. Er stattete sein Kunstwerk mit allerlei Kitsch aus, beispielsweise einem Ritter, der auf Knopfdruck eindrucksvoll schepperte, und baute zudem eine Gruft und einen Turnierplatz. Auf seiner Insel vertrieb er sich gerne die Zeit mit Verstecken und Blinde Kuh spielen sowie mit Wettfischen – er angelte im Teich nach Dingen, die er zuvor hingeworfen hatte. Bald war die Franzensburg im ganzen Land als „Haus der Launen" bekannt.

Was auch sonst?

Franz II./I. hatte eine Tochter, Maria Anna, auch Marianne genannt, die nicht nur entstellt, sondern auch schwachsinnig war. Sie geisterte ihr Leben lang ohne Verstand durch die Gänge von Schönbrunn und Schloss Hetzendorf und wurde von den meisten Geschichtsschreibern nicht einmal erwähnt.

Kurios ist jedoch die Erklärung, die ihre Verwandten damals für den Zustand der Habsburgerin hatten: Ihre Mutter Maria Theresa von Neapel-Sizilien wäre in ihrer Schwangerschaft von einem Orang-Utan im Tiergarten Schönbrunn erschreckt worden, wodurch die Prinzessin in diesem bemitleidenswerten Zustand geriet

Habsburgerhumor III

Sogar der geistig arme Ferdinand I. von Österreich zeigte hin und wieder Anflüge von Humor, auch wenn sich seine Zeitgenossen nie sicher sein konnten, ob er die Lustigkeit nicht doch ernst gemeint haben könnte.

So inspizierte er einmal eine Festungsanlage, deren Bewohner Unmengen an Tinte zur Unterzeichnung diverser Dokumente verbrauchten, und starrte dort minutenlang auf eine leere Wand. Als er vom Kommandanten gefragt wurde, was er dort denn sehen würde, gab der Kaiser zur Antwort: „Aufgrund der astronomisch hohen Rechnungen, die ich laufend bezahle, müssten die Wände dieses Gebäudes eigentlich alle mit Tinte angemalt sein – doch ich kann nichts entdecken."

Schlagfertigkeit à la Habsburg

Eines Tages erreichte den habsburgischen Wahl-Mallorquiner Ludwig Salvator die Einladung eines auf der Insel heimischen Großgrundbesitzers. Er bat den Erzherzog zum Dinner und wollte ihn als Renommiergast der balearischen Gesellschaft präsentieren. Er äußerte dabei das Anliegen, der Adelige, bekannt für seine schlampige Kleidung, sollte doch bitte im Anzug erscheinen.

„Luigi" kam dem Wunsch nach, nahm als Ehrengast an der Tafel Platz und artig am Smalltalk teil. Als jedoch die Suppe serviert wurde, griff er nicht zum Löffel, sondern nach seinem Teller und schüttete den Inhalt in die Außentaschen seiner Jacke. Dann erhob er sich und verabschiedete sich freundlich mit den Worten: „Sie haben nicht mich, sondern meinen Anzug eingeladen – und der ist jetzt satt!"

Ein anderes Mal entgegnete er, auf den Knitterlook seiner diversen Kleidungsstücke angesprochen: „Lieber vielfältig als einfältig!"

Des Kaisers mottenzerfressene Hosen

Dekadenz, falschen Prunk und Pomp waren auch Kaiser Franz Joseph I. verhasst, weshalb er Zeit seines Lebens recht bescheiden und spartanisch lebte: Der Monarch schlief in einem Militärbett, stand täglich um 3.30 Uhr morgens auf, wusch sich in einer zusammenfaltbaren Gummiwanne und speiste über seinen Akten im Arbeitszimmer. Er sparte sogar an den Arztkosten, riss sich beispielsweise locker gewordene Zähne einfach selbst aus und entsorgte sie mit pragmatischer Geste im Papierkorb neben seinem Schreibtisch.

Gekleidet hat sich der Kaiser praktisch – und vor allem praktisch gratis. So trug er etwa viele Jahre hindurch im Winter einen Pelzmantel, den ihm Zar Alexander II. geschenkt hatte.

Still und heimlich entsorgte Franz Josephs letzter Kammerdiener Eugen Ketterl hin und wieder ein paar gar schäbige Kleidungsstükke, damit sich der Kaiser damit nicht in der Öffentlichkeit blamierte. Einmal fragte der Monarch nach seiner Lieblingshose, woraufhin Ketterl flunkerte: „Majestät, die haben die Motten zerfressen." Franz Joseph erwiderte: „Schrecklich, und nicht einmal die Knöpf ham's zruckg'lassen?"

Der sparsame Monarch setzte aber auch bei anderen gerne den Rotstift an und strich Ausgaben, die ihm unnötig erschienen. Als etwa der Beamtenapparat der Monarchie zu teuer wurde, ließ er zur Budgetsanierung die Katzen am Hof abschaffen. Mitte des 19. Jahrhunderts erließ er sogar ein Heiratsverbot für seine Hofdiener, da diese Anspruch auf Versorgung ihrer Familie und im Schnitt drei Kinder hatten. Die Folge waren jede Menge uneheliche Beamtensprösslinge, die den Wiener Hof in arge Verlegenheit brachten, weshalb den Staatsdienern ab 1867 die Eheschließung wieder erlaubt wurde.

Graf Rosenzweig von der Powacht

Das strenge Zeremoniell am Habsburgerhof trieb oft skurrile Blüten, was den Sprachgebrauch betraf. So hieß es einmal bei einem hochoffiziellen Empfang in formvollendeter Formulierungskunst: „Die Allerhöchsten, höchsten, hohen Herrschaften begaben Allerhöchst-, höchst-, hochsich und sich in den Zeremoniensaal."

Hinzu kam auch eine in der Monarchie grassierende Titelsucht, weshalb sich der ansonsten so sparsame Kaiser Franz Joseph I. veranlasst sah, verschwenderisch mit der Verleihung ranghoher Bezeichnungen umzugehen. Es kam während dieses Trends so mancher Anwärter auf die höchsten Staatswürden in die Verlegenheit, einen passenden „von und zu"-Namen zu finden. Da in der k. k. Monarchie allerdings jeder Aspirant einen solchen ohne jeden familiengeschichtlichen Zusammenhang wählen durfte, ergaben sich daraus häufig höchst originelle Titel wie Hiebler von Lebmannssport, Richter von Frauenlieb, Rosenzweig von der Powacht, Bender von Säbelkampf oder Weigel von Hirschtöter.

Dennoch stand Franz Joseph diesen „Pseudo-Adeligen" und der inflationären Verbreitung erfundener Bezeichnungen stets skeptisch gegenüber und bemühte sich nur selten, seine Belustigung über den einen oder anderen zu dieser fragwürdigen Ehre Gekommenen zu verbergen. So betrat einmal ein Aristokrat das Arbeitszimmer des Kaisers und wollte gehört werden, worauf der Regent, der weiter beschäftigt seine Akten studierte, den Mann bat, auf einem der bereitstehenden Stühle Platz zu nehmen. Säuerlich angesichts dieser Geringschätzung erklärte der Besucher unwirsch: „Ich bin der Fürst von Thurn und Taxis." Darauf Kaiser Franz Joseph: „Ja dann nehmen Sie halt zwei Sesseln."

Die Kaiserfaltung

Auf gutes Essen legte Kaiser Franz Joseph wenig Wert, dann schon eher auf guten Wein – bei Tisch wurde zu jedem Gang ein anderer edler Tropfen serviert, da kam schon eine ganze Menge zusammen. Ebenfalls strikt angeordnet wurde von dem Regenten bei Tafeln am Wiener Hof mit seiner Teilnahme die „Kaiserfaltung". Hierbei befand sich in jeder Wölbung der Serviette, die auf eine ganz spezielle Art und Weise zusammengelegt war, eine kleine Kaisersemmel oder Salzstange. Der für die Mini-Backwaren auch verwendete Name „Jourgebäck" („jour" franz. für „Tag") deutete auf ihre Verwendung zu ganz besonderen Anlässen speziell in Wien hin.

Bis heute ist die kunstvolle Kaiserfaltung ein wohlbehütetes Geheimnis, bei Staatsbesuchen gekrönter Häupter und Präsidenten ist sie in Wien nach wie vor das Highlight des Tafelgedecks „am Hof".

Exklusive Morgenpost

Franz Joseph I. erhielt jeden Morgen eine eigens für ihn gedruckte Zeitung, die aus ausgewählten, sorgsam zusammengestellten und meist eingekürzten Artikeln der nationalen und (übersetzten) internationalen Presse bestand. Je ein weiteres gleiches Exemplar wanderte ins Archiv und zum Generaladjutanten.

Kaiserlicher Weihnachtswunsch

Zu Weihnachten ging es am Hof von Kaiser Franz Joseph I. stets verkrampft und steif zu, wie sich die jüngste Kaisertochter Marie Valerie in ihren Tagebüchern beklagte. Vor allem unter dem Christbaum herrschte nach dem Absolvieren einiger Gebete peinliches Schweigen, bevor man die Gaben austeilte. Für die Familie des bekannt sparsamen Kaisers, der selbst am Heiligen Abend kaum duldete, dass für ihn persönlich Ausgaben gemacht wurden, handelte es sich beim Beschenken um ein denkbar schwieriges Unterfangen.

Letztlich wurde die Dienerschaft beauftragt, mit diplomatischem Geschick herauszufinden, welche Wünsche Franz Joseph öfter äußerte oder was er eventuell benötigte. Die Ergebnisse waren denkbar bescheiden: Seine Majestät begehrte zum Beispiel eine Blechbüchse für die Aufbewahrung von Zwieback und Keksen im Arbeitszimmer oder eine kleine Menge Pfeifentabak.

Franz Joseph und die Wünschelrute

Franz Joseph I. beschäftigte seinen Oberst Carl Beichl für diverse Mutungen im Reich des Habsburgers – der tapfere Offizier war also im Namen seiner Majestät mit der Wünschelrute unterwegs, um verborgene Wasseradern und Energiequellen aufzuspüren. Nach dem erfolgreichen Auffinden einer verborgenen Wasserstelle im Karstgebirge, verlieh er seinem geomantisch talentierten Mitarbeiter eine kleine goldene Wünschelrute, die er am Kragen seiner Uniform tragen durfte. Als er auch noch die Taschenuhr des Kaisers wiederfand, der diese auf der Jagd im Wald verloren hatte, war der Monarch restlos überzeugt von dieser spirituellen Praxis.

Zudem faszinierten den sonst so nüchternen Regenten magische Symbole. Er gab sogar den Startschuss zur Errichtung der Wiener Ringstraße erst dann, als seine Architekten Pläne vorlegten, auf welchen der Verlauf in der Form eines Pentagramms umgesetzt wurde. Dessen Spitze ist das Denkmal der Kaiserin Maria Theresia zwischen dem Kunst- und dem Naturhistorischen Museum, übrigens das größte Monument dieser Art weltweit. Nun nimmt man einen Zirkel und setzt ihn an der Peterskirche als den Mittelpunkt des 1. Bezirks an und zieht einen Kreis. Die anderen Spitzen ergeben sich: Rossauer Kaserne, ehemaliges Kriegsministerium, Universität und Stadtpark.

Von Angesicht zu Angesicht und mit Knicks

Kaiser Franz Joseph I. gewährte im Laufe seiner Amtszeit etwa 260 000 Personen eine Audienz. Er empfing oft über 100 Ratsuchende, Bittsteller oder Boten an einem Tag in seinem Arbeitszimmer in der Wiener Hofburg. Verließen die Personen nach dem Ende des Gesprächs den Raum, mussten sie das im Blindflug rückwärtsgehend tun, da man dem Regenten bis zum letzten Augenblick ins Gesicht sehen sollte – selbst wenn dieser sich längst wieder über seine Akten gebeugt hatte.

Auf höfischen Bällen durften die Offiziere ihre Kragen nicht zu hoch aufgestellt tragen, da sie sonst sofort des Hauses verwiesen wurden. Ebenso verbot die Etikette den Kavalleristen das Tragen von Lackstiefeln, sie mussten blankpolierte Lederschuhe tragen. Aus diesem Grund verströmten die Tanzfeste jener Zeit stets das Aroma von Schuhwichse und waren die Kleidersäume der Damen immer geschwärzt.

Besonders Kaiser Leopold I. nervte seine Gäste im 17. Jahrhundert mit Pedanterie und schrägen Wünschen. Er bestand auf jedem Detail des Hofzeremoniells, und war es noch so absurd. Wer sich ihm näherte, musste die „Spanische Reverenz" aufführen – ein zeremonielles Ritual, bei dem man sich drei Mal verbeugte und danach auf einem Knie zu Boden sank.

Aus Österreich kann man nichts mit Lebhaftigkeit schreiben, ich bin vom Phlegma dieses Landes bereits angesteckt. Sogar ihre Amouren und Querelen werden mit erstaunlicher Mäßigung ausgetragen, sie sind niemals lebhaft außer hinsichtlich der Etikette. Dort, das gestehe ich, zeigen sie all ihre Leidenschaften.

Das schrieb die englische Lady Wortley Montagu über die österreichische Vorliebe für gutes Benehmen.

Kulturelle Ahnungslosigkeit

Franz Joseph I. zeichnete sich, anders als viele seiner Vorfahren, durch kulturelle Ahnungslosigkeit und Gleichgültigkeit aus. Er pflegte daher Abstand zu jeder Form von Kunst zu halten, wann immer er konnte – war das nicht möglich, hielt er sich an folgende Regel: Nur nicht zu nahe herangehen und schon gar nicht in ein Gespräch darüber verwickeln lassen. Seine bekannte Floskel „Es war sehr schön, es hat mich sehr gefreut" verdichtete sein Desinteresse gegenüber kreativen Schöpfungen bis hin zur beleidigenden Ignoranz.

Hin und wieder ließ sich der schwerfällige Monarch dann allerdings doch zu einer Meinung hinreißen, wenngleich diese meist von purer Einfältigkeit zeugte. Einmal fragte er beispielsweise einen Maler, ob die Fläche vor einem Jagdhaus einen See darstellen sollte. Der Mann antwortete, dass es sich um eine Wiese handelte. Darauf der Kaiser: „Aber die ist ja blau." Der bildende Künstler entgegnete freundlich: „Ich sehe sie so, Majestät." Da äußerte der Kaiser, bereits im Gehen begriffen: „Dann hätt' er aber net Maler werden sollen."

Auch technischen Neuerungen gegenüber verhielt sich Franz Joseph sehr eindimensional – gegen das 1881 endlich auch in der Hofburg installierte Telefon hegte er eine regelrechte Aversion, das elektrische Licht blendete ihn ständig und die Schreibmaschine akzeptierte er nach einiger Zeit nur, weil sich die vielen Dokumente und Briefe doch leichter tippen, als mit der Hand schreiben ließen. Über das Automobil, das ihm höchst suspekt war, äußerte er nach seiner ersten Ausfahrt: „G'stunken hat's und g'sehn hat man nix."

Verqueres Denken

Als Kaiser Franz Joseph I. wieder einmal die Genehmigung zu einer Hinrichtung unterzeichnen sollte, summte eine Fliege im Raum herum und setzte sich auch frech auf das Dokument. Der Sekretär des Kaisers versuchte, das Tier mit einer zusammengerollten Zeitung zu erschlagen, damit es den Herrscher nicht belästigte. Dieser jedoch sagte: „Gehn'S lassen'S das Viecherl doch leben!", nahm die Feder zur Hand und unterschrieb das ihm vorgelegte Todesurteil.

Ebenso echauffierte sich der Monarch einmal über seinen schusswütigen Neffen Franz Ferdinand, nachdem der im Lainzer Tiergarten alles getötet hatte, was ihm vor die Flinte gelaufen war: „Unbegreiflich, das sind doch Haustiere!" Zugleich nannte er seinen sensiblen und zarten Sohn Rudolf feinsinnig „mein Krepierl" und sagte nach seinem Tod, er sei „gestorben wie ein Schneider" (so bezeichneten Waidmänner Hirschen, die ihrem stärkeren Konkurrenten ausweichen, anstatt sich ihm zu stellen).

Das Nullerl mehr

Einmal wollte ein Bittsteller ein wenig Geld für sich und seine Familie nach einem tragischen Unglück. Franz Joseph I. fragte seinen Sekretär, welche Summe hier üblich wäre, woraufhin er die Antwort „So um die 500 Gulden" erhielt. Der Kaiser schrieb auf den Beleg 5 000 Gulden und meinte, auf den Irrtum angesprochen: „Jetzt hab ich das Nullerl zu viel schon einmal aufgemalt, jetzt soll der Mann das Nullerl mehr auch haben."

Die liebe Gewohnheit

40 Jahre lang war Eugen Ketterl der Kammerdiener von Kaiser Franz Joseph I., der seinen Kaiser jeden Tag mit „Leg mich zu Füßen Eurer Majestät, guten Morgen" begrüßte und danach für dessen Hygiene verantwortlich war.

40 Jahre lang spielte sich Tag für Tag dasselbe Ritual ab: Der Monarch saß in der Hofburg oder in Schönbrunn in seiner zusammenfaltbaren Gummiwanne und wusch sich mit dem wohltemperierten Wasser, das Ketterl aus einem großen Krug über den royalen Leib goss. 40 Jahre lang fragte der Kaiser seinen Angestellten: „Ned no a Krug da, Ketterl?" Einen weiteren herbeizuschaffen, hätte eines komplizierten Amtswegs bedurft, weshalb der Kammerdiener 40 Jahre lang antwortete: „Nein, Majestät, leider nicht."

Der betrunkene Kammerdiener

In manchen Nächten fand der brave Eugen Ketterl jedoch nicht nach Hause bzw. lohnte es sich nach einem Saufgelage nicht mehr, schlafen zu gehen, wenn man schon um drei Uhr morgens das Hygienezeremoniell des Kaisers vorzubereiten hatte. So kam es vor, dass der Kammerdiener hin und wieder in recht desolatem Zustand in der Hofburg oder in Schönbrunn erschien, worüber Franz Joseph jedoch großmütig hinwegblickte. Einmal jedoch war Ketterl dermaßen betrunken, dass er fast in die Gummiwanne zum nackten Kaiser gefallen wäre, woraufhin dieser vor Schreck laut „flatulierte“ (Darmgase abließ). Jeder andere hätte sich einen neuen Job suchen müssen – dem langjährigen Kammerdiener jedoch wurde verziehen.

Ungeschminkt im festgenähten Kleid

Kaiserin Elisabeth schminkte sich nie und liebte es natürlich. Das war die eine Seite von Sisi. Die andere war, dass sie bis zur Perfektion auf ihre Außenwirkung achtete und regelrecht besessen davon war, stets ein Ideal ihrer selbst zu präsentieren. So ließ sie sich zum Beispiel ihr Reitkleid im Sattel sitzend auf den Leib schneidern, damit es später keine unerwünschten Falten warf. Sie und ihre Näherin mussten dafür allerdings nicht in den Stall gehen, sondern nur in den kaiserlichen Modesalon in der Hofburg, in dem sich eine hölzerne Pferdeattrappe mit Damensattel befand. Dort wurde dann laufend der perfekte Sitz des Kleides kontrolliert.

Habsburgerhumor VI

Auch der schmallippige und oft brüske Thronfolger Franz Ferdinand versprühte zeitweise trockenen Humor, meist fern jeder Subtilität.

Einmal brachte der Erzherzog zwei Steinböcke aus Kreta in den Tiergarten Schönbrunn, damals noch Menagerie genannt. Damit die Tiere nicht über die Absperrung entkommen konnten, ließ Zoodirektor Alois Kraus über dem Gehege ein Drahtgitter montieren. Einer der Männer rief am folgenden Tag ängstlich in der Schlossverwaltung an und teilte Franz Ferdinand sein Bedauern darüber mit, dass sich eines der beiden Tiere beim Fluchtversuch mit seinen Hörnern im Gitter verfangen hatte und verstorben war; „Kaiserliche Hoheit, der eine der beiden Steinböcke hat sich erhängt!“ Darauf brummte der Erzherzog: „So geben Sie acht, dass sich der andere nicht erschießt“, und legte auf.

Seine Frau Sophie begleitete Franz Ferdinand im Jahr 1913 auf die

Jagd, als er unbedingt die weiße Gams erlegen wollte, obwohl das laut Aberglaube Unglück brächte. Sie fragte ihn, warum er so töricht sei, worauf der Erzherzog antwortete: „Na, wenn man sterben muss, stirbt man sowieso." Zwei Jahre später wurden er uns eine geliebte Gattin in Sarajevo Opfer eines Mordanschlags. Doch selbst kurz davor machte er noch Scherze. Als in jenen schicksalshaften Tagen bei der Abfahrt nach Bosnien am Wiener Südbahnhof die Bremsen des Zugs heiß liefen, meinte er: „Na das fangt ja gut an!" Nachdem vor Ort der erste Anschlag mit einer Bombe misslungen war und der Bürgermeister verwirrt seine Rede fertiggestammelt hatte, begannen die Zuschauer zu jubeln und der Thronfolger sagte – freilich erst im Anschluss an seine offiziellen Worte: „Ich danke Ihnen und den Bürgern von Sarajevo für die widerhallenden Ovationen, in denen ich Freude über das Scheitern des Mordanschlags erkenne." Danach fügte er leiser an: „Mir scheint, wir werden heute noch einige Kugerln bekommen." Und damit behielt er am Ende recht.

Das habsburgische Gespenst

Auch die zuweilen tranigen Habsburger hatten hin und wieder Flausen im Kopf – manche zumindest. Beispielsweise Johann Salvator, später Johann Orth, der sich einst als Gespenst verkleidete, um in der Residenz die Hofdamen zu erschrecken und die Burggendarmen zu ärgern. So geisterte er in weiße Leintücher gehüllt als Ahnfrau durch die dunklen Gänge der Hofburg und entschwand kichernd, nachdem er einige Personen in Panik versetzt hatte. Kaiser Franz Joseph I., der von dem Vorfall Kenntnis erlangte, versprach dem größten und stärksten Wachmann eine Flasche Wein, wenn er den Geist zur Strecke brachte, sollte der nochmal auftauchen. Johann Salvator wiederholte seinen Streich unglückseligerweise tatsächlich und wurde von dem wackeren Posten angegriffen, der sein Bajonett in die Schulter des vermeintlichen Gespensts bohrte. Der Erzherzog entschwand schimpfend, woraufhin der „Held der Stunde" vermeldete, die Ahnfrau hätte mit männlicher Stimme wie ein Bierkutscher geflucht, nachdem er sie verletzt hatte. Als Kronprinz Rudolf am nächsten Tag die Wunde an der Schulter seines Cousins und Freundes bemerkte, wusste er Bescheid und soll sich vor Lachen gebogen haben.

Makabere Kutschfahrt und Leichenraub

Im Zuge der „Tragödie von Mayerling", bei der in der Nacht von 29. auf 30. Jänner 1889 Thronfolger Rudolf von Österreich ums Leben kam, starb auch seine Geliebte Mary Vetsera. Die Vorgeschichte des unglücklichen Kaisersohns legte nahe, dass er zuerst die junge Frau und danach sich selbst erschossen hatte.

Der Wiener Hof versuchte mit aller Macht, den Tathergang zu verschleiern und die Schuld des Kronprinzen zu vertuschen. Die Ärzte hatten auf Befehl des Kaiserhauses nach der Obduktion in einem Gutachten zu attestieren, dass Rudolfs *That in einem Zustand von Geistesverwirrung geschehen sei* (nur unter dieser Voraussetzung konnte ein Selbstmörder von der Kirche beerdigt werden), in dem er Mary Vetsera und danach sich selbst hingerichtet habe.

Aufgrund dieser Manipulationen kam es in der Folge zu höchst skurrilen Vorgängen auf dem Jagdschloss Mayerling.

Marys Leiche wurde vom Personal zwei Tage lang in einer Kammer im Jagdschloss versteckt. Danach durften sie zwei ihrer Onkel, der Pferdesportler Alexander Baltazzi und Georg Graf Stockau, abholen, allerdings nur unter der Bedingung, diskret vorzugehen. So brachten die beiden Männer ihre tote Nichte bei Nacht und Nebel weg, mit einem Besenstiel hinten im Kleid, damit sie in der Kutsche aufrecht saß. Unter dem Codenamen „Müller" wurde sie im nahe gelegenen Heiligenkreuz abgeladen, wo man sie am folgenden Vormittag auf dem Friedhof notdürftig verscharrte. Erst einige Monate später, am 16. Mai, wurde Mary in einer von ihrer Mutter errichteten Gruft bestattet.

Die junge Frau wurde im Jahr 1959 neuerlich umgebettet, in Auftrag gegeben hatte die Verlegung der sterblichen Überreste angeblich eine Theresia Müller. Bis heute weiß niemand, wer diese Umquartierung veranlasste.

Im Jahr 1991 hat der Linzer Möbelhändler und Hobby-Detektiv Helmut Flatzelsteiner das Skelett entwendet. Nach Sicherstellung der

Beinamen und Spitznamen

Die Herrscher aus dem Haus Habsburg pflegten vom Volk diverse – nicht immer schmeichelhafte – Beinamen zu erhalten, die entweder auf ihr Aussehen, Verhalten oder einen ihrer Charakterzüge zurückzuführen waren. Folgend einige Beispiele:

Herzog Rudolf IV. „der Stifter", der aufgrund von Urkundenfälschungen (als bekannteste gilt das „Privilegium maius"), die als größter Trick in der Geschichte Habsburgs gelten, eigentlich „der Schwindler" oder „der Fälscher" hätte genannt werden müssen.

Herzog Albrecht IV. „das Weltwunder" und „der Geduldige", der seltsame Abenteuer auf einer Pilgerreise nach Jerusalem erlebte.

Herzog Albrecht II. „der Lahme", der aufgrund einer chronischen Gelenksentzündung (andere Quellen sprechen von einer Lähmung nach einem Giftanschlag) beinahe bewegungsunfähig war und sogar ins Ehebett getragen werden musste. Ansonsten benutzte er zur Fortbewegung Holzkrücken. Selbstironisch lautete sein Wahlspruch: „Et hic virum agit" (lat. für „Auch das bringt den Mann voran!").

Kaiser Maximilian I. „der letzte Ritter", ein mutiger Feldherr, galanter Frauenheld und genialer Heiratspolitiker.

Erzherzog Philipp I. „der Schöne", weil er so hübsch war, verheiratet mit Johanna von Kastilien-Aragonien „der Wahnsinnigen". Kaiser Leopold I., „hässlicher Schöngeist auf dem Kaiserthron", ein Liebhaber der schönen Künste, der unter einer übergroßen Unterlippe litt.

Kaiser Franz II./I. „der Gute", der Menschen, Tiere und vor allem Pflanzen liebte.

Kaiser Ferdinand I. „der Gütige", ein freundlicher, geistig armer Epileptiker, was recht bald zur Umwandlung in „Gütinand, der Fertige" oder „Gütiger, der Ferdinand" führte.

Erzherzog Otto, „der schöne Erzherzog", weil er weit besser aussah, als sein Bruder, Thronfolger Franz Ferdinand.

Karl I. „der Plötzliche", weil er öfter im Kriegsministerium aufzutauchen und zu spät kommende Offiziere aus dem Hinterhalt mit der Frage „Warum kommen Sie erst jetzt?" zu überfallen pflegte.

Kosenamen waren am Kaiserhof recht gebräuchlich, allerdings fielen die meist ebenfalls in den seltensten Fällen schmeichelhaft aus und hatten wenig mit „kosen", als vielmehr mit verspotten zu tun. So nannte etwa Joseph II. seine zweite Gattin Maria Amalia von Österreich „Schiache" und ließ sogar den gemeinsamen Balkon auf Schloss Schönbrunn abteilen, um seine Frau nicht sehen zu müssen. Kaiserin Elisabeth sagte zur Ehefrau ihres Sohns, Kronprinz Rudolf, hinter halbvorgehaltener Hand „belgisches Trampeltier".

Einzig Franz I. Stephan von Lothringen und Maria Theresia pflegten sich liebevoll anzusprechen. So nannte er sie „Reserl" oder „Chère Mitz" (franz. für „geliebte Mitzi"), sie ihn „Mäusel" oder „Mon cher Alter".

Als Urahn Dschingis Khan

Man mag es bei den strengen Moralvorstellungen des einen oder anderen Familienmitglieds kaum glauben, aber die Habsburger sind tatsächlich mit vielen Päpsten verwandt, beispielsweise Innozenz XVIII. (von wegen „innocent" = engl. für „unschuldig"), Alexander VI., Paul III. und Gegenpapst Felix V. – wobei nur der Nachwuchs des letzten Pontifex „legal" ist, da er das Kind als bärtiger Eremit Amadeus zeugte, bevor er zum Oberhaupt der katholischen Kirche gewählt wurde.

Die „Verwandtschaft" zum Propheten Mohammed entstand aufgrund der Heirat von Philipp I. mit Johanna von Kastilien. Einige Jahrhunderte davor war Spanien eine Araberkolonie gewesen, und ein Großteil der arabischen Fürstengeschlechter wurde von den Söhnen der einzigen Tochter des Propheten Mohammeds gegründet. Ganz ähnlich verhielt es sich mit Dschingis Khan, wo die Abstammung durch die Verwandtschaft über die Jagellionen und Rurikiden zustande kam.

Diese beiden Habsburgerstammbaumzweige hält zumindest Autor Harald Havas nach seinen Recherchen für sein Buch „Habsburger Sammelsurium" für realistisch.

Weniger ernsthaft betrieb der Narzisst Maximilian I. seine Ahnenkunde und fand auch jemanden, der ihn bei seinen absurden Abstammungs-Fantasien unterstützte: Jakob Mennel-Manlius, ein unbegabter Pseudowissenschaftler, erzählte dem Kaiser, was er hören wollte. Er bastelte für den eitlen Regenten an einem Stammbaum, der keinesfalls auf historischen Tatsachen fußte und jeden Realitätsbezug vermissen ließ – und so war Maximilian plötzlich verwandt mit Karl dem Großen, mit einem trojanischen Krieger und sogar mit einem ägyptischen Pharao.

Das royale Ockergelb als Marke

Das Schönbrunner Gelb gehört zu Wien wie die Fiaker zur Innenstadt, die Melange zur Sachertorte und das Krügerl zur Stelze. Zur Benennung der Farbe kam es, als der kaiserlichen Sommerresidenz der Habsburger nach einigen optischen Ver(w)irrungen – eine Zeitlang musste das Schloss eine blaue und rosa Fassade ertragen – von Franz I. Stephan von Lothringen 1815 endlich ein repräsentativer Anstrich verliehen wurde. Die Farbe erinnerte einerseits an das Wappen der Dynastie, wies andererseits auf die geheimen alchimistischen Versuche des Regenten zur Goldgewinnung hin. Last but not least bewies der Monarch damit sein ausgeprägtes Talent, Geld zusammenzuhalten, konnte doch die Farbe Gelb zu seiner Zeit am billigsten hergestellt werden.

Nachdem nun Schönbrunn in dem Ockergelb mit Signalwirkung erstrahlte, wurden rasch alle offiziellen Amtsgebäude in derselben Farbe gestrichen. Aber auch vom Grafen bis hin zur Marktfrau wollten die Wiener und andere Länder der Monarchie etwas vom kaiserlichen Glanz abbekommen. So bemalten sie ihre Häuser ebenfalls mit dem Schönbrunner Gelb, das sich damit rasch in allen Bezirken ausbreitete und zur Marke der Habsburger und damit letztlich weltberühmt wurde. Die Farbe findet sich aufgrund der expansiven Heiratspolitik der Habsburger sogar in der brasilianischen Flagge. Noch heute kann man das royale Ockergelb in vielen europäischen Städten an vergilbten und abblätternden Hausfassaden.

Spione im Habsburgerreich

Im 17. Jahrhundert entstanden in Wien, wie auch in vielen anderen Städten der Kronländer im Habsburgerreich, „Schwarze Kammern", auch „Brieflogen" genannt. Es handelte sich dabei um Räumlichkeiten, in denen Nachrichten mit verschlüsselten Botschaften abgefangen, entschlüsselt und kopiert wurden. Die Originale hat man danach an die Empfänger weitergeleitet. Eine der bekanntesten schwarzen Kammern war die geheime Kabinettskanzlei in einem Flügel der Hofburg, die mit ihrer Tätigkeit nicht nur feindliche Angriffe auf die Monarchie vereitelte, sondern auch einen schwunghaften Handel mit vertraulichen Informationen betrieb. Darüber hinaus unterstützte der Kaiser seine Beamten dabei, gezielt Falsifikationen in Umlauf zu bringen, um in Wien ansässige Spitzel auf eine falsche Fährte zu führen oder sogar zu entlarven. Der Lohn für gut gemachte und zum Erfolg führende Fälschungen bestand häufig sogar in einer Erhebung in den Adelsstand. Allerdings richtete sich diese geheimdienstliche Tätigkeit nicht nur gegen den äußeren Feind, sondern auch gegen die Bürger, weshalb die Kabinettsdiener und ihre Familien vollständig von der Bevölkerung isoliert und von der Polizei überwacht wurden. Sie erhielten außergewöhnlich hohe Lohngelder und privilegierte Wohnungen.

Im 18. Jahrhundert musste man in der österreichischen Hauptstadt bereits einen Meldezettel ausfüllen, wenn man dauerhaft dort wohnte. Diese Maßnahme diente zur Identifikation von Spionen.

Lehre … Karriere?

Bei den Habsburgern existierte in der „Hausfibel" das Gesetz, dass jeder royale Spross nicht nur adelig sein und später unter Umständen Kaiser werden durfte, sondern auch ein Handwerk erlernen musste. Diese Lehren trugen den Betreffenden dann diverse Spitznamen ein, die nicht immer nur schmeichelhaft ausfielen.

So nannte man etwa Franz II./I., der in einer Gärtnerei beschäftigt war, „Blumenkaiser", seinen Enkel Joseph I., der neben einer militärischen Ausbildung den Beruf der Buchbinderei erlernte,

„Papierlkleber“ (zurückzuführen auf das Zusammenkleben von Pappe für die Buchdeckel) und seine Tochter Erzherzogin Marie Valerie, die als Bühnenmalerin tätig war, „Leinwandmarie“. Richtig unrühmlich, im wahrsten Sinne des Wortes, lautete die Bezeichnung des Volks für Erzherzog Friedrich. Der war, im Gegensatz zu seinem Großonkel Karl von Österreich-Teschen, dem glorreichen Sieger der Schlacht von Aspern im Jahr 1890 gegen die napoleonischen Truppen, militärisch eher unbegabt. Er widmete sich daher der Landwirtschaft, und so stammte damals die Hälfte der Milch, die in Wien verkauft wurde, aus seinen Betrieben. Daher hieß Friedrich schon bald, da er den Beinamen „der Ruhmreiche“ nicht verdiente, „der Rahmreiche“.

Exklusivität – mehr oder weniger – auf 150 Metern

Mit Pomp und Gloria residierten die Habsburgerkaiser in den exklusivsten Appartements der Monarchie, die sich auf 150 Metern im Leopoldinischen Trakt der Hofburg befanden und deren erlesener Luxus sich von Zimmer zu Zimmer steigerte. Zugleich nahm die Menge an Menschen, die Zugang zu dem Räumen hatten, ab, da diese nur strengstens nach dem Rang in der höfischen Hierarchie betreten werden durften.

Bei jedem Herrscherwechsel war es üblich, die kaiserlichen Räumlichkeiten neu einzurichten, auch wenn so mancher Monarch zu faul dazu war – häufig übernahmen die Umgestaltung dann die Damen des „Hauses“.

Bei Maria Theresia jedoch war es genau umgekehrt – bei ihr galt der Grundsatz einer bescheidenen wirtschaftlich effizienten Haushaltsführung, während ihr Gatte ein wenig mehr Eleganz schick gefunden hätte. Möbel waren für die Kaiserin keine Kunstwerke, sondern Gebrauchsgegenstände, sie wurden dementsprechend abgenutzt und danach an Bedienstete verschenkt. Sie gab bei der Ausstattung zudem Erzeugnisse aus heimischer Produktion den Vorzug gegenüber teuren Importprodukten – so war auch das Fehlen von Möbelstücken aus dem trendangebenden Frankreich am Wiener Hof zu erklären.

Dieses nachhaltige Denken von Maria Theresia führte zu einem recht kuriosen Einrichtungsstil: Einerseits musste der Glanz der kaiserlichen Residenz gewahrt bleiben, da eine gewisse repräsentative imperiale Pracht erwartet wurde, andererseits sollte übermäßiger Prunk vermieden und solider Qualität der Vorrang gegenüber modischen Strömungen gegeben werden. Das Ergebnis war ein gewachsener Bestand an Einrichtungsgegenständen, bei dem so manche alte Scheußlichkeit neben einem modernen Neuerwerb Platz fand.

Die Hofburg ist sehr geräumig, birgt aber fast nichts gutes in Bezug auf die Architektur und Ausstattung.

(ein französischer Reisender 1747/1748)

Besonders hohe Ansprüche an die Innenarchitektur stellte die dritte Gemahlin von Kaiser Franz II./I. Maria Ludovica und ließ ab 1810 ihre Räume in der Hofburg aufwendig im zu der Zeit gerade aktuellen Empirestil gestalten.

Was meine Wohnung betrifft, so kennst du bester Schatz meine Schwachheit ... ich leugne nicht, daß die Ausgabe groß seyn wird, doch alles bleibt dem Staat ... Was ich dir in meublen koste, kostet dich eine andere Frau in Pferden, Bällen, Unterhaltungen, von denen verlange ich nichts, nur eine schöne Wohnung...

(Kaiserin Maria Ludovica in einem Brief vom 14. Dezember 1809 an ihren Gatten, Kaiser Franz I.)

Und dann war da noch Kaiser Franz Joseph, der keinerlei Ehrgeiz in Sachen Wohnkultur zeigte und anspruchslos gemeinsam mit dem bestehenden Mobiliar alterte, ohne je das Bedürfnis nach Veränderung zu verspüren.

Besonders der Schreibtisch war mehr als geschmacklos, ein politiertes braunes Gebilde einer üblen Möbelkunst der 70er Jahre ... Die Wände dieses Zimmers und auch des Schlafzimmers sowie alle Möbel waren mit dunkelbrauner, schwerer Seide überzogen, die mit unregelmäßigen, grünen Efeublättern geschmückt war; es sah altväterlich, aber originell aus.

Gardeoffizier Erwein Lobkowicz über das Appartement Kaiser Franz Josephs in Schönbrunn (1916).

Die verkleideten Habsburger

In der Faschingszeit des 17. und 18. Jahrhunderts erschienen die Habsburger auf den Maskenbällen häufig nicht nur – politisch korrekt, religionskonform und noch immer von der Propaganda des 16. Jahrhunderts beeinflusst – als christliche Husaren, Minnesänger und Burgfräuleins verkleidet. Neben der traditionellen Ritterromantik existierte auch eine orientalische Heldenepik, weshalb die Aristokratie an den Wiener Maskenbällen häufig als Türken und Mohren kostümiert teilnahm.

Maria Theresia und Franz I. Stephan gingen während des barokken Karnevals gerne verkleidet ins „Bal-Haus“ oder in die „Mehlgrube“ (ehemaliges Mehldepot am Neuen Markt, in dem exklusive Feste stattfanden) und nahmen dort an der „Maschere“ (= Maskerade) teil. Getanzt wurde bis in die Nacht, sodass während der Ballsaison häufig sogar Rasttage eingeschoben werden mussten.

Das Kaiserpaar liebte aber auch „Pauernhochzeiten“, wofür sie die Hofburg in den Gasthof „Zum Schwarzen Adler“ verwandelten und die Wirtsleute spielten. Die Gäste stellten Vertreter der unteren Volksschichten, wie Köche oder Dienstboten, dar oder kamen als Römer, Perser, Türken und „Sklaven“.

Im Fasching 1743 hatte Maria Theresia der „hohen Noblesse“ bei den Feierlichkeiten im Ballhaus Maskenfreiheit gewährt. In der „Mehlgrube“ musste jedoch ohne Verkleidung getanzt werden, da die Anonymität in der Vergangenheit zu so manchen Ausschweifungen und Ausschreitungen, ja sogar zu Morden, geführt hatte. Daher war das Tragen von Masken auch auf der Straße unter Androhung strengster Strafen untersagt worden.

Österreichs Kolonien

Von manchen wird das Franz-Josef-Land scherzhaft als einzige Kolonie Österreichs bezeichnet. Es handelt sich dabei um eine Inselgruppe im Nordpolarmeer im Nordwesten Russlands, die 1873 von einem ungarisch-österreichischen Team während der Regierungszeit Franz Josephs I. entdeckt und daher nach ihm benannt wurde. Hingegen aber waren vier Inseln der Nikobaren im östlichen Teil des Indischen Ozeans von 1778 bis 1783, während der gemeinsamen Regierung von Maria Theresia und ihrem Sohn Joseph II., tatsächlich eine österreichische Kronkolonie.

Die Habsburger versuchten damals, so wie andere europäische Herrscher auch, Handelsposten im asiatischen Raum zu errichten und heuerten dafür ausgerechnet den Holländer William Bolts an – einen wegen Opiumhandels von der britischen „East Indian Company" gefeuerten Abenteurer. Er sollte für sein Kaiserhaus „freies Land" erobern, erreichte im Jahr 1778 mit dem Dampfer „Joseph und Maria" die Nikobaren und konnte ein paar Ureinwohner zur Unterschrift unter einen Kolonisationsvertrag bewegen. Ob dieses Schriftstück jemals Gültigkeit besaß, muss ernsthaft bezweifelt werden, da die analphabetischen Insulaner nur mit Kreuzen unterzeichneten. Obwohl später die Briten und Inder die Eilande übernahmen, heißt eines davon bis heute „Teressa".

Zwischendurch bestanden rund um den Globus immer wieder internationale Geschäftsniederlassungen der Habsburger – die „1. Orientalische Handelskompanie" wurde bereits 1667 in Wien gegründet –, die allerdings nie lange gehalten werden konnten, etwa in Indien, China und Nordafrika.

Vor der Nase des Volks

Das Kaiserhaus wusste sich gekonnt in Szene zu setzen, um möglichst mächtig, elitär und eindrucksvoll auf seine Untertanen zu wirken. Auf Festen, Paraden und anderen Veranstaltungen stellte man die dynastischen Werte volksnah zur Schau, die Zutrittserlaubnis zu kaiserlichen

Parkanlagen steigerte die Beliebtheit und demonstrierte Bürgerfreundlichkeit, und der ausgeprägte Denkmalkult präsentierte Heldentaten oder andere Verdienste für das Land.

Eine besonders beliebte Attraktion – so wie es heute noch beispielsweise in London der Fall ist – war die tägliche Wachablöse im Inneren des Burghofes, begleitet von Militärkommandos und Blasmusik. Dieses Spektakel, das Menschen aller Bevölkerungsschichten bestaunen durften und jedem Schaulustigen offenstand, wurde auch „Burgmurren“ genannt, wobei „Murren“ für den tiefen Ton eines Musikinstruments steht.

Besonders beliebt bei den Habsburgern war jedoch der Gaumenschmaus für die Elite und der Augenschmaus fürs Volk: Am Geburtstag des Kaisers oder anderen höfischen Traditionsfesten fanden öffentliche Bankette statt, bei denen der Monarch öffentlich vor Publikum speiste. Bei den auf blankpoliertem Tafelsilber servierten Speisen handelte es sich zum Großteil um aufwendig dekorierte Schaugerichte, welche die Glorie und Pracht des Kaiserhauses demonstrieren sollten. Das Auftragen der einzelnen Gänge erfolgte nicht durch die üblichen Dienstboten, sondern durch das adelige Gefolge des Kaiserhofs und wurde zeremoniell mit einem Paukenschlag eingeleitet. Danach erklang leichte Tafelmusik, während der Mundschenk die Getränke reichte. Die kaiserlichen Kämmerer prüften als Vorkoster die Qualität der Gerichte sowie deren Unversehrtheit und reichten dem Regenten vor jedem Gang Wasserbecken und Handtuch zum Händewaschen.

Der Kaiser thronte während des Schautafelns unter einem Stoffhimmel, an seiner Seite die Familienmitglieder – weitere Teilnehmer wurden dabei ihrem Rang gemäß in näherer oder weiterer Entfernung zum Oberhaupt der Monarchie platziert. Wie wichtig eine Person war, erkannte man an der Höhe ihrer Sitzgelegenheit sowie daran, ob ihr Stuhl über eine Polsterung und Lehne verfügte oder nicht. Franz Joseph I. hielt gemäß der Tradition noch vier öffentliche Bankette pro Jahr ab.

Hexenmagie im Habsburgerreich

Nicht nur der Klerus, auch die Staatsobrigkeit bestärkte in der Zeit der Hexenverfolgungen das Volk in ihrer Angst vor den „suspekten Weibsbildern", die übersinnliche Fähigkeiten besaßen und einen Pakt mit dem Teufel geschlossen hatten. Auf diese Weise lenkten sie die Aufmerksamkeit ihrer Bürger weg von politischen, sozialen und wirtschaftlichen Missverhältnissen und schürten unter ihnen die Angst vor bösen Kräfte und deren Auswirkungen. Die der Magie und Zauberei verdächtigten Personen, meist Frauen, stammten häufig aus gesellschaftlichen Randgruppen und waren etwa Witwen, Dirnen, Bettlerinnen oder Vagabundinnen. Hexen galten als Verursacherinnen allen Übels und trugen nach Meinung der leichtgläubigen Bevölkerung die Schuld an Unwettern und den daraus resultierenden schlechten Ernten, Seuchen oder dem frühen Kindstod. Zugleich waren die als Kräuterweiber bezeichneten Frauen aber oftmals die erste Anlaufstelle für viele Kranke, die von den „Hexen" mit Pflanzentinkturen, aber auch mit Theriak, Opium, Vipernfleisch und sogar Menschenschmalz (zu beziehen beim Henker) behandelt wurden. Gerüchten zufolge sollen sich auch etliche Habsburger solcher Prozeduren unterzogen haben, etwa Joseph II., der seine Gicht mit Leichenfett zu lindern hoffte.

Im 18. Jahrhundert wurde die weiße Magie schließlich der Elite offiziell erlaubt, nur die Ungebildeten hatten die Finger davon zu lassen, zugleich hielten „Mirakelbücher" Einzug in die Kirchenliteratur.

Innerhalb von 300 Jahren wurden in Europa geschätzte 60 000 „Hexen" und „Zauberer" hingerichtet, die meisten Prozesse und Tötungen fanden mit der Zustimmung des jeweiligen Kaisers statt. Während der Regierungszeit der Habsburger hat man zudem etliche Exorzismen vollzogen, die von den Monarchen genehmigt wurden.

Hochzeitsgeschenke à la Habsburg

Wenn es um Hochzeitsgeschenke ging, waren einige Habsburger recht einfallsreich und ließen sich bei der Umsetzung ihrer Ideen nicht lumpen – oft wurden die großen Gesten vom armen Volk allerdings alles andere als beklatscht.

So „überreichte" Albrecht I. im Jahr 1298 seiner zukünftigen Frau das heutige Salzkammergut, damals Yschlland genannt. Der Hintergrund dieser Gabe bestand darin, dass die Habsburger Ende des 13. Jahrhunderts einen „Salzkrieg" gegen das benachbarte Erzbistum Salzburg geführt und im Anschluss daran die Oberhand im regionalen Salzgeschäft gewonnen hatten.

Maximilian I. überraschte seine Braut mit einem orientalischen Edelstein im Wert von rund 4000 Gulden, der vermutlich aus der Schatztruhe seines Vaters Friedrich III. stammte.

Maximilian II. brachte im Jahr 1552 von seiner Spanienreise den ersten Elefanten mit nach Österreich, der den Namen Beppo trug und von den Wienern „Pepi" genannt wurde (andere Quellen nennen das Tier „Soliman"). Es handelte sich dabei um Hochzeitsgeschenk der spanischen Kronprinzessin Johanna, Tochter von Kaiser Karl V.

Marie Antoinette bekam zu ihrer Hochzeit mit dem späteren französischen König Ludwig XVI. über 50 goldene Schnupftabakdosen. Sie hingegen schenkte ihrer Schwester Maria Christine zur Trauung mit Herzog Albert von Sachsen-Teschen ein zur Gänze mit Blattgold überzogenes Wohnkabinett. Der Raum ist in der Albertina zu besichtigen. Von ihrer Mutter Maria Theresia erhielt Maria Christine das Schloss Halbturn im Burgenland.

Eine Porträtstatue von Napoleons Schwester Elisa Bonaparte in der Gestalt der griechischen Muse Polyhymnia schenkte Franz II./I. seiner Gattin Karoline Auguste zur Hochzeit – was besonders eigenartig ist, weiß man doch, dass die Tochter des Monarchen an die Franzosen regelrecht „verscherbelt" wurde. Die Marmorfigur ist heute in der Amalienburg im nordwestlichen Trakt der Hofburg zu sehen.

Prinzessin Sophie Friederike von Bayern kaufte 1853 ihrem Sohn Franz Joseph I. und seiner Gattin Sisi anlässlich ihrer Heirat um 31 440 Gulden die Kaiservilla in Bad Ischl.

Franz Joseph I. schenkte der Braut seines Neffen Franz Ferdinand, die als nicht standesgemäße Partie eigentlich keinen Anspruch auf einen vom Kaiser verliehenen Adelstitel hatte, den Titel „Fürstin von Hohenberg" zur Hochzeit.

Sonderbare und sinnige Sage

Als Friedrich IV. im Jahr 1402 in Venedig weilte, zeigte man ihm den Kirchenschatz von St. Markus, der einen enormen Wert hatte. Der Habsburger wurde gebeten, sich ein Stück der Juwelen als Geschenk auszusuchen. Er jedoch zog einen kostbaren Diamantring vom Finger und überreichte ihn dem Dogen mit den Worten, er sei von seinen Vorfahren unterwiesen worden, Schätze nicht zu vermindern, sondern zu vermehren. Irgendetwas muss der Gute da falsch verstanden haben, weshalb er auch den Beinamen „der mit den leeren Taschen" erhielt.

Als Kaiser Maximilian I. in Aachen gekrönt wurde, überreichten ihm die Juden der Stadt einen goldenen Korb mit goldenen Eiern, woraufhin er die Leute gefangen nehmen, aber gut behandeln ließ. Als man den Monarchen nun demütig nach dem Grund des sonderbaren Vorgehens fragte, antwortete er: „Hühner, die so schöne und kostbare Eier legen, werde ich doch nicht wieder fortfliegen lassen."

Jahre nach seiner Krönung nannte Maximilian den König von Frankreich einen „König der Esel", weil seine Untertanen alles trügen, was er ihnen aufbürde; den von Spanien einen „König der Menschen", weil sie ihm nur in billigen Dingen gehorchten; den von England einen „König der Engel", denn er gebiete ihnen nichts Unrechtes und sie gehorchten ihm willig und gern. Sich selbst aber nannte er einen „König der Könige", „denn unsere Untertanen gehorchen uns nur, wenn es ihnen gefällt."

Kaiser Karl V. sagt einmal: „Zu einem recht vollkommenen Kriegsheer sollte man italienische Köpfe, spanische Hände und Arme und ein deutsches Herz nehmen, Bauch und Füße aber aus anderen Völkern. Die Deutschen scheinen nicht klug und sind es auch nicht; die Spanier scheinen klug und sind Narren; die Franzosen scheinen närrisch und sind klug; die Italiener scheinen klug und sind es auch."

Derselbe Monarch sprach: „Ist ein Fürst gerecht, so nennt man ihn einen Tyrannen; ist er mild, so wird er verachtet; nimmt er das Seinige in acht, so muss er geizig sein; ist er freigiebig, so heißt man ihn einen Verschwender."

Karl V. ließ an seinem Zepter folgendes Bild anbringen: ein Männlein mit einer Tafel, auf der stand *Sto – ich stehe.* An seinen Fußsohlen nagten Mäuse, darunter stand *Iacebis – du wirst liegen.*

An seinem Totenbett wollte Kaiser Ferdinand I. keinen Titel mehr hören und befahl dem Hofprediger zu sagen: „Ferdinand, lieber Bruder, streite als ein guter Kämpfer!" Kurz zuvor hatte er sinniert: „Ich weigere mich nicht, zu sterben, denn wenn meine Vorfahren nicht gestorben wären, würde ich ihrer Menge halber ein Schäfer oder Ackersmann und kein Kaiser geworden sein."

Kaiser Franz II./I. erklärte: „Völker in Österreich? Was ist das? Ich weiß nichts von Völkern, ich kenne nur Untertanen." Außerdem war er der Meinung: „Die Menschheit bedarf von Zeit zu Zeit starker Aderlässe, sonst wird ihr Zustand entzündlich und es bricht sogleich der liberale Wahnsinn aus."

LITERATURVERZEICHNIS UND QUELLEN

Bankl, Hans: „Die kranken Habsburger: Befunde und Befindlichkeiten einer Herrscherdynastie“, Goldmann Verlag, München 2005

Dickinger, Christian: „Habsburgs schwarze Schafe“, Verlag Piper, München 2005

Egghardt, Hanne: „Habsburgs schräge Erzherzöge: Dem Kaiser blieb auch nichts erspart“, Verlag Kremayr & Scheriau, Wien 2008

Hasmann, Gabriele: „Die romantischen Habsburger“, Kral Verlag, Berndorf 2016

Hasmann, Gabriele: „Die spukenden Habsburger“, Ueberreuter Verlag, Wien 2015

Havas, Harald: „Habsburger Sammelsurium“, Pichler Verlag, Wien 2006

Horáková, Dana: „101 Top Dogs: Von verkannten Hunden bekannter Menschen und umgekehrt“, Kynos Verlag, Nerdlen/Daun 2015

Kramer, Konrad: „Die schrulligen Habsburger: Marotten und Allüren eines Kaiserhauses“, Verlag Ueberreuter, Wien 1999

Kunze, Gerhard: „Tiergarten Schönbrunn – Habsburgs geheime Kraftzentrale“, Kral Verlag, Berndorf 2018

Kunze, Gerhard und Hasmann, Gabriele: „Das magische Wien“, Amalthea Verlag, Wien, 2014

Leidinger, Hannes, Moritz, Verena und Schippler Berndt: „Das Schwarzbuch der Habsburger“, Verlag Franz Deuticke, Wien 2008

Loritza, Carl: „Habsburg. Ein Denkbuch für Oesterreichs Völker“, Josef Stöckholzer von Hirschfeld, Leipzig und Wien 1847

Loritza, Carl: „Habsburg. Anekdoten und Charakterzüge aus dem Leben der Fürsten des Hauses Habsburg“, Josef Stöckholzer von Hirschfeld, Leipzig und Wien 1847

Pieper, Dietmar: „Die Welt der Habsburger“, Goldmann Verlag, München 2011

Praschl-Bichler, Gabriele: „Die Habsburger und das Übersinnliche“, Amalthea Verlag, Wien 2003

Ringel, Erwin: „Die österreichische Seele“, Verlag Kremayr & Scheriau, Wien 1984

Roubinek, Rudi: „Wir bleiben Kaiser: Die Monarchie in uns“, Edition a, Wien 2010

Stadtbekannt Medien GmbH: „Unnützes Habsburgerwissen“, Holzbaum Verlag, Wien 2014

Verein der geprüften Wiener Fremdenführer: „Kulturmagazin 2018“

Werz, Sabine: „Sex and Crime auf Königsthronen“, Verlag Bastei-Lübbe, Köln 2010

Wiesering, Marianne: „Neues, selbst versatztes Kochbuch, oder kleine Sammlung von ganz besonders ausgesuchten Speisen, nach heutigem Wienerischen Geschmack“, Alois Doll, Wien 1796

Winder, Simon: „Kaisers Rumpelkammer“, Verlag Rowohlt, Reinbek bei Hamburg 2014

Stand aller Internetseiten 30.4.2018

http://alex.onb.ac.at

http://anno.onb.ac.at

http://www.aphorismen.de

https://austria-forum.org/af/Wissenssammlungen/Essays/Geschichte/Kronprinz_Rudolf_Johann_Salvator

https://www.blocher.ch/uploads/media/Neujahrsveranstaltung-2016.pdf

https://derstandard.at/2000018296302/Mallorca-Wie-ein-Habsburger-die-ersten-Touristen-anlockte

https://derstandard.at/2000070900044/Porzellanfiguren-am-Festtagstisch-Vom-Zuckerwerk-zum-Zwiefelkrowot

https://diepresse.com/home/zeitgeschichte/5002819/1966_Der-absurde-HabsburgerWirbel

https://diepresse.com/home/zeitgeschichte/506963/Wilhelm-von-HabsburgLothringen_Der-rote-Habsburger

https://www.falstaff.at/nd/die-lieblingsspeisen-der-habsburger/

http://freimaurer-wiki.de/index.php/Angelo_Soliman

https://geschimagazin.wordpress.com/2012/12/20/ein-politischer-mord-zum-frommen-des-hauses-habsburg-wallensteins-tod/

http://www.habsburger.net/

http://www.kaisergruft.at

https://kurier.at/chronik/oesterreich/das-letzte-habsburg-raetsel-der-fall-pachmann/12.086.561
http://www.murikultur.ch/webautor-data/178/Wichtige-Persoenlichkeiten-aus-dem-Haus-Habsburg.pdf

http://othes.univie.ac.at/5159/1/2009-01-21_9505008.pdf

http://www.planet-vienna.com/habsburger/habsburger.htm

https://www.planet-wissen.de/natur/forschung/hirnforschung/pwieexzentrikerirgendwieganzanders100.html

http://www.sagen.at

http://www.spiegel.de/spiegel/spiegelgeschichte/d-67892046.html

http://www.stadtbekannt.at/tag/TAG_Habsburger/

http://www.tanz.at/index.php/wiener-tanzgeschichten/1799-maria-theresia-und-das-veilchen-vom-wienerwald

http://www.tlz.de/web/zgt/kultur/detail/-/specific/Die-geheime-Macht-der-Schwarzen-Kabinette-388025123

https://www.welt.de/geschichte/article147694578/Wie-die-clevere-Hure-Koenigin-und-Kardinal-linkte.html

https://www.welt.de/kultur/article2460788/Das-geheime-Leben-des-roten-Prinzen.html

https://www.wien.gv.at

https://www.wienerzeitung.at/nachrichten/archiv/174377_Ungestuemer-kaiserlicher-Rebell.html

https://www.wikimeat.at/kueche-rezepte/kuechengeschichten/artikel-infos/speisen-unter-kaiserin-maria-theresia/

http://www.wikipedia.at

http://www.zeit.de/1986/42/die-welt-der-sonderlinge

http://www.zeit.de/2012/04/Kaiser-Rudolf

DANKSAGUNG

Prof. Gerhard Kunze – für zahlreiche Infos, die Habsburger betreffend